石油高等院校特色规划教材

石油工程专业思政案例

（富媒体）

主　编　张继红　成庆林　冯福平
副主编　常　瑛　杨二龙

石 油 工 业 出 版 社

内容提要

本书遵循大思政观和隐性课程思政的理念，围绕专业知识传授与价值引领相结合的目标，通过挖掘石油工程专业课程内具有思想政治教育元素的典型人物和事件，以老故事新解读这一与时俱进的方式，实现了新时期课程思政元素的继承和发展，体现了专业思政教学的年代感和时代感。

本书可作为石油工程、油气储运工程、海洋油气工程等专业教师落实“三全育人”实践和工科专业隐性专业思政建设的参考教材，也可为学生领会新时代行业精神的内涵提供参考。

图书在版编目（CIP）数据

石油工程专业思政案例：富媒体/张继红，成庆林，冯福平主编.—北京：石油工业出版社，2020.12

石油高等院校特色规划教材

ISBN 978-7-5183-2898-7

Ⅰ.①石…　Ⅱ.①张…②成…③冯…　Ⅲ.①思想政治教育—教案（教育）—高等学校　Ⅳ.①G641

中国版本图书馆 CIP 数据核字（2020）第 271314 号

出版发行：石油工业出版社

（北京市朝阳区安定门外安华里 2 区 1 号楼　100011）

网　址：www.petropub.com

编辑部：（010）64523694　图书营销中心：（010）64523633

经　销：全国新华书店

排　版：三河市燕郊三山科普发展有限公司

印　刷：北京中石油彩色印刷有限责任公司

2020 年 12 月第 1 版　2020 年 12 月第 1 次印刷

787 毫米×1092 毫米　开本：1/16　印张：11

字数：270 千字

定价：40.00 元

（如发现印装质量问题，我社图书营销中心负责调换）

前　言

石油工程专业由原钻井、采油及油藏三个专业构建而成，是东北石油大学主干专业、黑龙江省重点建设专业、国家特色专业、第二批教育部卓越工程师教育培养计划试点专业、通过工程教育专业认证专业。东北石油大学石油工程专业与大庆油田同生共长，具有悠久的大庆精神铁人精神育人历史与办学特色。

按照 OBE 工程教育和新工科建设理念，根据石油工程专业发展特点和需求，为了提高人才培养质量，东北石油大学制定了明确、公开、符合学校定位、适应国家和社会经济发展及石油行业发展需要的培养目标，即培养德智体美劳全面发展，具有大庆精神特质、创新精神和国际视野，能够在石油工程及相关领域从事工程设计与施工、科技开发和生产管理等方面工作的高素质应用型人才。

为深入贯彻落实习近平总书记关于教育的重要论述和 2018 年 9 月全国教育大会精神，按照中共中央办公厅、国务院办公厅《关于深化新时代学校思想政治理论课改革创新的若干意见》，把思想政治教育贯穿石油工程专业人才培养体系，发挥好思政课程和石油工程专业课程协同育人的功效，提高石油工程专业人才培养质量，经东北石油大学石油工程学院党委研究决定，进一步深度挖掘和梳理提炼石油工程专业课程中蕴含的思政元素和精神内涵，通过老故事新解读这一与时俱进的方式，体现石油工程专业思政教学素材的年代感和时代感，形成了“有声有色、有血有肉”的课程思政案例素材，结集出版《石油工程专业思政案例（富媒体）》一书。该书的出版，将全面推进课程思政建设作为落实立德树人根本任务的重要战略举措；促使课程思政的理念得到广泛共识，提升广大教师开展课程思政建设的意识和能力；引导和培养学生塑造正确的世界观、人生观和价值观，增强学生勇于探索的创新精神和意志品质，激发学生石油强国、科技报国的家国情怀和使命担当。

石油工程专业思政主要通过问题引入的形式，在授课知识点中引入课程思政案例，将思政内容以讲故事的形式讲给同学听，达到隐性专业思政“润物细无声”的效果。通过专业思政弘扬大庆精神铁人精神，教育引导学生传承中华文化传统，培养学生遵纪守法、爱岗敬业、无私奉献、诚实守信、公道办事、开拓创新的职业品格和行为习惯，引导学生牢固树立法治观念，坚定走中国特色社会主义法治道路的理想和信念，深化对法治理念、法治原则、重要法律概念的认知。

全书由张继红、成庆林、冯福平主编，常瑛、杨二龙为副主编，共收集整理了 21 门课程的思政案例，参与编写的教师 46 名，在此对所有参与编写及提供资料的单位和个人表示衷心感谢。为了保证系统性和完整性，本书内容可能超出了课堂讲授内容，建议授课教师根据实际情况节选与参考。

本书参考了大量国内外相关资料，向有关作者表示深深的谢意！由于参考资料较多，未在文中一一加以标注，敬请谅解。

由于编者水平和知识所限，书中难免存在不足和错误，恳请广大读者批评指正。

编者

2020 年 11 月

目 录

践行承诺，做诚信教育的典范 …… 1
牢记校训，发扬优良传统 …… 3
科技兴国，海洋强国，协同创新打造深海钻井国之重器 …… 5
抓住机遇，面对挑战，用知识拥抱石油工业的未来 …… 8
献身油气开发，保障国家能源安全 …… 11
铭记油气井工程领域先辈，将石油行业精神发扬光大 …… 14
恪守工程职业道德，打造行业国际标杆 …… 17
走近“老会战”，领悟大庆精神铁人精神 …… 20
创新高效勘探技术，老油田焕发新容颜 …… 22
探究中国石油工业崛起的基石——大庆油田松基三井 …… 24
牢记罗家2井泄漏事故教训，防安全隐患于未然 …… 26
走进岩心库，探寻油田勘探开发的宝贵物证 …… 28
促学科交叉，碰撞科研领域新火花 …… 30
探索未知，追求真理，发现达西定律 …… 32
实施油气并举，大庆采气“亮剑”火山岩气藏 …… 34
弘扬新时代科技创新精神，开创大庆致密油开发新纪元 …… 36
重视探究与实践，培养严谨务实科学态度 …… 38
开拓研究领域，突破技术垄断——记人师风范翟云芳教授 …… 40
面对油田开发难题，攻克地层压力推算松Ⅰ法——记中国工程院王德民院士 …… 42
科学面前人人平等，钻研问题锲而不舍——记“中国航天之父”钱学森院士 …… 44
坚持理论与实践相结合，创造世界清洁能源之最 …… 46
“追求第一等的题目”，获得最有意义的突破
——记湍流理论奠基人林家翘教授 …… 48
克服重重困难，校准实验仪器——记流体力学知名学者陈家琅教授 …… 50
不畏艰辛“万点调查”，爬冰卧雪“测量K值” …… 52
突破创新“萨尔图流程”，大长中国人志气 …… 54
巾帼不让须眉，用生命谱写对祖国的赤诚——记石油分析领域先驱陆婉珍院士 …… 56
续写“三超”精神，献身祖国石油 …… 58
燃烧青春，为油田化学难题“开方抓药” …… 60
不忘初心，将一生献给岩石力学 …… 62
不畏艰辛，以赤子之心向祖国岩层深处开掘 …… 65
60年坚守，破解世界岩石强度理论难题 …… 68

提高环境保护意识，培养良好职业规范——蓬莱 19-3 油田溢油引发的思考 …………… 70
精益求精，将工匠精神融入钻井施工——记新时代大庆 1205 钻井队………………… 72
勇于担当，做铁人精神的传承者——记最美奋斗者新铁人李新民 ……………………… 74
绽放中国智慧，开创现代顿钻钻井技术先河 ……………………………………………… 76
提高安全意识，增强职业责任感——《深海浩劫》的警示 ……………………………… 78
按章操作，提高职业素养和安全意识 ……………………………………………………… 80
做好自我防护，养成良好操作习惯 ………………………………………………………… 82
加强防范意识，严格遵守操作规范 ………………………………………………………… 84
传承铁人精神，做油田稳产的探路者 ……………………………………………………… 86
牢记使命责任，倾力剩余油精准开发 ……………………………………………………… 88
扎根生产一线，献身石油摇篮 ……………………………………………………………… 90
科技报国，献身油气田开发事业——记中国科学院院士童宪章 ………………………… 92
依靠新思路新技术，投身科技创新 ………………………………………………………… 94
献身油田科技，创造开发奇迹——记大庆油田“新时期铁人”王启民 ………………… 96
不懈拼搏不断超越，砥志研思找水治水 …………………………………………………… 99
高瞻远瞩，倾力低渗透油气田开发——记中国工程院胡文瑞院士……………………… 101
不问出处终身学习，刻苦钻研超越自我……………………………………………………… 103
破译地下流体密码，走自主创新研发之路…………………………………………………… 105
勇于创新，“匡”扶社稷——记油藏数值模拟技术的开拓者韩大匡院士 ……………… 107
勇于探索，自主创新，做“三超”精神的代言人 ………………………………………… 109
潜心科研，淡泊名利，做铁人精神的践行者………………………………………………… 111
多学科交叉融合，让信息技术赋能油气未来………………………………………………… 113
发扬工匠精神，为祖国石油发展谱新篇……………………………………………………… 115
“探秘”千米油层，复活“冤死”油井 …………………………………………………… 117
重温“大庆精神”，牢记“三老四严” ……………………………………………………… 119
用生命书写忠诚，做三元复合驱技术的引路人……………………………………………… 121
污泥调剖，变废为宝，实现油田绿色发展…………………………………………………… 123
选择主攻方向，推进三次采油技术研究与应用——记三次采油知名学者胡靖邦教授…… 125
坚韧笃定，扎根基层，以创新创效谱写工匠篇章…………………………………………… 127
执着技术革新，在平凡岗位上绽放光彩……………………………………………………… 129
追溯大庆油田的发现，唱响“我为祖国献石油” ………………………………………… 132
迎难而上，科技报国，助力我国钻井技术进步
——记井眼轨迹理论奠基人苏义脑院士…………………………………………………… 134
坚守初心，勇攀高峰，用青春和热血报效祖国
——记水射流钻井理论的拓荒者沈忠厚院士……………………………………………… 137

开拓进取，跨越固井技术新台阶…… 141
重温中国古代辉煌的钻井史，增强民族自信心…… 143
无私奉献，严谨治学，用钻头磨出辉煌人生…… 145
弘扬铁人精神，树立新时代健康、安全、环保理念…… 148
强化学科交叉融合，用赤诚谱写石油精神…… 151
牢记井喷事故教训，培养健康安全环保意识…… 153
敢于攻坚克难，实现可燃冰开发“国际领跑”…… 155
重视危化品安全管理，树立实验室安全环保意识…… 157
坚定理想信念，在平凡的岗位上做出不平凡的成绩…… 159
坚定文化自信——中国古代对石油的开发与利用…… 161
重视安全隐患，提高风险防控意识——以渤海2号钻井船沉船事故为例…… 164
提高风险识别能力，培养安全意识——以青岛“11·22”输油管道爆炸事件为例…… 166

践行承诺，做诚信教育的典范

课程 石油工程新生研讨课

教学知识点 诚信教育

案例教学目标 通过介绍东北石油大学学生辅导员赵瑛杰老师践行承诺荣登“中国好人榜”的感人故事，教育学生诚实做人、诚信做事，打造诚信社会。

案例编写人 常瑛

一、问题引入

人无诚信，难以立身；国无诚信，无以邦交。诚信是一个人赖以生存的道德基础，是做人的基本原则。2019 年 10 月，赵瑛杰以东北石油大学一名普通大学生辅导员的身份荣登“中国好人榜”，作为诚实守信的楷模受到社会的广泛关注，这背后有着怎样的故事呢？

二、案例介绍

赵瑛杰，女，1985 年 4 月生，2005 年加入中国共产党，现任东北石油大学地球科学学院团委副书记、专职学生辅导员。多年来，赵瑛杰积极开展教学工作和思想政治教育研究，主讲大学生就业指导等课程，主持全国学校共青团研究课题等各类思政课题 10 余项、国家级大学生创新创业训练计划项目两项、黑龙江省大学生创新创业训练计划项目多项，指导学生获得了由教育部主办的全国第五届大学生艺术展演活动艺术表演类三等奖和“挑战杯”黑龙江省大学生创业大赛创业计划竞赛银奖。她曾获得大庆市优秀团干部、校“四好”女职工、青年岗位能手和优秀共产党员等荣誉 20 余项。

2017 年 9 月 3 日，赵瑛杰年仅五岁的女儿在学习舞蹈过程中意外受伤，胸椎以下创伤性截瘫，连夜奔赴北京治疗，入住北京儿童医院神经内科重症监护室，首日各项费用高达三万余元。在突如其来的灾难面前，在高额治疗费用压力下，坚韧的赵瑛杰第一时间在朋友圈发布了一条卖房信息，引起了我校师生和大庆市民的高度关注和积极转发。孩子的病情牵动了大家的心，东北石油大学工会和大庆青年联合会第一时间发起倡议，赵瑛杰的学生们自发组织起来，通过轻松筹发布了筹款信息。令大家欣喜的是，近 60 万善款不到 12 个小时就筹集到位，直接打到了孩子在北京儿童医院的账户里。面对这份大爱，面对这份信任，赵瑛杰郑重许下承诺：“不到万不得已，不会动用这笔善款，如果动用了这笔善款，每一笔的明细和去向，都会一一进行公示。如果孩子病情有所好转，康复有望，一定会把善款陆续返还给大家。”

2018 年 9 月 3 日，赵瑛杰拿到了权威鉴定机构出具的具有法律效力的司法鉴定意见书。意见书明确指出，被鉴定人的脊髓损伤与其摔伤及练习下腰动作存在直接且完全的因果关系。拿到鉴定书的赵瑛杰，在孩子并未完全康复的情况下，第一时间兑现了自己当初的承诺，通过轻松筹平台返还了全部善款共计 598319 元。

她的举动让曾经帮助过她的人心生敬意，赞叹不已，一时间她的事迹不胫而走，刷爆了朋友圈，引爆了网络。中央电视台、北京电视台、辽宁电视台、黑龙江电视台、大庆电视台等媒体记者专程赶赴我校采访赵瑛杰老师，对其进行了深入报道；央视网《退还 60 万善款！这位妈妈的举动引爆朋友圈》、新华社《5 岁女儿重伤获捐近六十万，一年后母亲的决定被网友点赞》、工人日报《女童上舞蹈班时致重伤，责任认定后母亲返还 60 万元善款》，以及中国日报、环球时报、光明网、解放军日报、北京青年报等纸媒、公众号和微博转发报道引起全国广泛关注，数以百万的网民也纷纷为赵瑛杰的善良举动点赞。正如网友们所言，赵瑛杰的行为让爱心传递、让诚信流转，温暖人心，感动国人。

中国好人榜

身为一个母亲、一个高校学生辅导员，赵瑛杰在生活的磨难面前，选择了坚强，彰显了可贵的诚信品质，用自己的担当赢得了所有人的敬佩，让那些帮助过她的人感受到了爱的回馈。有捐助者甚至感叹，赵瑛杰的行为“让他愿意再次相信他人”，为打造诚信社会做出了贡献。

三、思政点睛

诚实守信是中华民族的传统美德，作为一名高校思想政治教育辅导员，赵瑛杰在言传的同时，更做到了身教，她的信守承诺感动了亿万国人，传递了真善美，弘扬了正能量，用自己的实际行动践行了高校教师立德树人的根本使命。

诚信既是中华民族的传统美德，也是经济社会的道德底线。我们每一位大学生必须要树立高度的诚信意识，担当起自己的社会责任，努力以实际行动践行诚信，从我做起、从点滴小事做起，努力构建一个诚信的环境、构筑一个诚信的社会。

牢记校训，发扬优良传统

课程 石油工程新生研讨课

教学知识点 校史校训教育

案例教学目标 通过介绍东北石油大学建校初期发生的点滴故事，教育学生牢记“艰苦创业，严谨治学”的校训，倡导在今后的学习生活中要继承和发扬母校的优良传统。

案例编写人 常瑛

一、问题引入

“艰苦创业，严谨治学”是我校的校训，是建校初期形成的“三宝”的重要内涵，是东油几代师生始终秉持的优良传统，下面通过几件建校初期的点滴小事来阐述这一校训的具体体现。

二、案例介绍

东北石油大学（原东北石油学院）创建于1960年大庆油田会战初期，当时正值国家三年自然灾害，许多院校停办或合并，之所以在困难的时期、困难的地点、困难的条件下兴教办学，可见祖国建设的迫切需要。

来自北京石油学院、抚顺石油学院、黑龙江石油专科学校、大庆油田等单位的开拓者们，抱着立志改变祖国石油工业和石油教育落后面貌的雄心壮志，自己动手建设校园，仅用了短短几个月的时间，就在一片荒原上盖起了4000多平方米的“干打垒”，这就是校史中记载的“干打垒起家”。当时粮食紧缺，师生到校近两个月，就有不少师生由于营养不良患上了浮肿病，为了渡过难关，站稳脚跟，学校停课两周，组织1200名师生员工冒着零下二三十度的严寒，兵分三路分别到北安农场、克山农场和萝北农场捡回了8万多斤秋收后遗留在地里的黄豆，运回后磨豆浆、做豆腐、发豆芽、做豆菜，很快缓解了师生的浮肿病，恢复了正常教学秩序。为缓解粮食不足，1961年春，部分教师自愿报名加入开荒种地队伍，从最初的20余亩到后来的3000亩农场，大大缓解了粮食不足的情况，农场也成为了全校师生员工劳动锻炼的基地，学生每年到农场劳动1至2周列入教学计划，教师每年至少半个月的劳动更是成为了制度。就是在这样的艰苦条件下学校实现了当年筹建、当年招生、当年开课，并且圆满完成了各项教学任务，也正是在建校初期的艰苦奋斗过程中形成了学校的思想政治教育、教学为主、艰苦奋斗三个传家宝（即“三宝”）。

钻井教研室的老教师都记得徐家颖老师带毕业设计的故事。当年，作为一名青年教师的他，被教研室安排带领5名77级应届毕业生去上海一家工厂做毕业设计。来到上海后，厂里没有安排宿舍，若是到远处的旅店住宿不仅需要很大一笔开销，也不方便学生进行毕业设计。徐老师想到了离工厂不远的父亲家和姐姐家，在得到了父亲和姐姐的同意后，他带领五名同学在父亲和姐姐家里"安营扎寨"。毕业设计经常需要熬夜，家里的水电费开销陡然增加，同学们都很过意不去，执意要负担费用，可是徐老师和家人都拒绝了。就这样，同学们在徐老师家里一住就是两个月，为学校节省了一大笔经费。

侯汉钊是开发系（原石油工程学院）的一位老师。80年代初期，系里安排他去华东石油学院参加钻井新技术的学习，并让他购买相关学习资料。出差回来报销差旅费的时候大家才发现，整个出差期间，从安达到东营，多次换乘、辗转几个城市，侯老师全靠步行没有坐过一次公交车，特别是几十斤的学习资料侯老师也没有舍得办理托运，硬是一路背回来，这一切辛苦，只是为了给学校省下一点差旅费！

三、思政点睛

今天，国家的经济发生了翻天覆地的变化，大家的生活环境也得到了极大的改善，但是艰苦奋斗、严谨治学的精神却始终是我们的传家宝。东北石油大学的毕业生也正是靠着勤奋踏实、扎根基层受到了各用人单位的欢迎和肯定。未来石油工业的许多新技术的创新依然需要艰苦奋斗的精神，有限的自然资源依然需要每个人厉行节约，每位同学都要继承和发扬"艰苦创业、严谨治学"的校训，在大学期间养成艰苦朴素、勤俭节约、勤奋好学的好习惯，成为社会主义事业合格的接班人！

科技兴国，海洋强国，协同创新打造深海钻井国之重器

课程 石油工程新生研讨课

教学知识点 海洋钻井平台

案例教学目标 通过介绍海洋石油981深水半潜式钻井平台的设计、建造及深海油气勘探测试历程，让学生了解“海洋强国”的国家战略理念，以及海洋钻井平台在整个海洋油气资源开发中的重要性。

案例编写人 纪大伟　杨二龙

一、问题引入

2014年5月2日至8月15日，“海洋石油981”在西沙中建岛附近进行钻井作业，遭到越南数十艘政府船只的骚扰，并引发了中国海警船队与越南执法船的多次追逐甚至冲撞。5月6日，美国国务院发言人简·普萨基发出警告，称中国在南海布置石油钻井平台为挑衅行为，将导致该地区的不稳定。5月7日，外交部发言人华春莹表示：“越方对于中国企业的正常作业行动进行干扰。这样的行动违反了国际法和国际关系基本准则，侵犯了中国主权、主权权利和管辖权。西沙群岛自古就是中国固有领土，而中国企业在西沙群岛作业属于中国主权内部的事，与越南无关，也与美国无关，美国无权对中国主权范围内的事说三道四。”9月，“海洋石油981”顶住了越南的轮番骚扰，对陵水17-2气田进行了测试，测试日产天然气159.99万立方米，证实储量超过300亿立方米，“海洋石油981”第一次深水测试获得圆满成功。王宜林（时任中国海洋石油总公司董事长）表示：“进军南海深水区是中国海洋石油人多年的梦想。海洋石油981钻井平台在陵水17-2的勘探突破，打开了一扇通往南海深水油气‘宝藏’的大门。这一重大发现坚定了我们进军深水、在南海深水区找油找气的信心和决心，更展现了该区域油气产量的巨大潜力。”下面让我们来了解一下“海洋石油981”以及我国在海洋石油方面的成就。

二、案例介绍

我国海洋油气资源丰富，尤其是中国南海，专家估计，南海主要盆地的油气储量为707.8亿吨，其中石油储量为291.9亿吨（已探明的可提取矿床达20亿吨），天然气矿床占58万亿立方米（已探明的可提取矿床总量为4万亿立方米）。抛开政治因素不谈，从地理角度来看，中国南海归属于太平洋海域。对于石油勘探与开发来说，由于自然环境恶劣、技术

难度大、成本高等原因，南海的深水油气资源没有得到有效开发。

央视报道“海洋石油 981”平台

海洋石油 981 深水半潜式钻井平台，简称“海洋石油 981”，是中国首座自主设计、建造的第六代深水半潜式钻井平台，是中国海油深海油气开发“五型六船”之一，耗资 60 亿元，由中海油拥有自主知识产权。该平台配备了国际最先进的第三代动力定位系统，整合了全球一流的设计理念和一流的技术装备。深海钻井过程中，除了通过紧急关断阀、遥控声呐、水下机器人等常规方式关断井口，该平台还增添了智能关断方式，即在传感器感知到全面失电、失压等紧急情况下，自动关断井口以防井喷。

“海洋石油 981”平台自重超过 3 万吨，甲板面积相当于一个标准足球场大小、45 层楼高，电缆总长度相当于上海至北京的直线距离，最大作业水深 3000 米，钻井深度可达 10000 米，被称为海洋工程“航空母舰”，其部分关键技术得到国家 863 计划的大力支持。“海洋石油 981”深水半潜式钻井平台的建造和启用标志着我国海洋石油工业的“深水战略”迈出实质性一步。

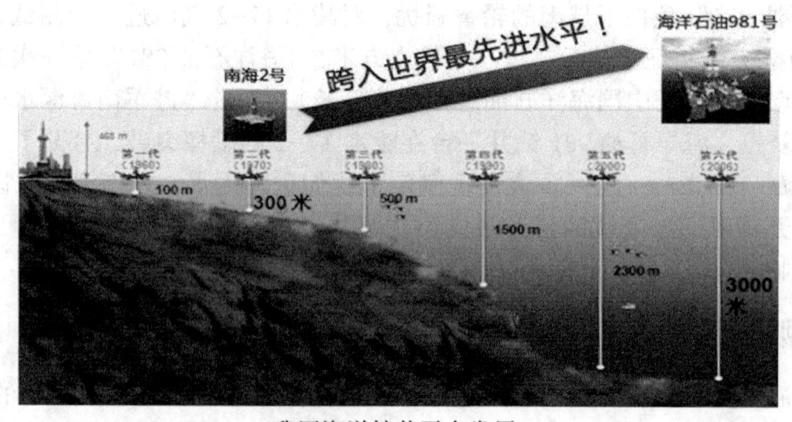

我国海洋钻井平台发展

针对南海的恶劣海况，“海洋石油 981”开创了 6 项世界首创和 10 项国内首创，其中包括：首次采用200年一遇的风浪参数加上南海内波作为设计条件，大大提高了平台抵御灾害能力；首次采用动力定位和锚泊定位的组合定位系统，水深在1500米以内时可以采用全锚泊定位，水深超过1500米时采用全动力定位模式，大大节约燃油、优化节能模式；首次突破半潜式钻井平台可变载荷9000吨，为世界半潜式平台之最，大大提高了远海作业能力。特别值得一提的是，“海洋石油981”在全球首次采用了最先进的本质安全型水下防喷器系统，在紧急情况下可自动关闭井口，能有效防止类似墨西哥湾事故的发生。

2012年5月9日，“海洋石油981”在南海海域正式开钻，是中国石油公司首次独立进行的深水油气勘探，标志着中国海洋石油工业的深水战略迈出了实质性的步伐。2014年发现陵水17-2大型气田，第一次深水测试圆满成功。2015年进入东南亚海域完钻一口水深1721米的探井，“海洋石油981”的研发与应用项目获得国家科技进步奖特等奖，一举成为我国科技界“最闪耀的明星”。截止到2019年4月，“海洋石油981”共完钻32口探井，但在深水开发井方面此前未有实践。南海有潜力成为继墨西哥湾、巴西和西非深水油气勘探开发“金三角”之后，世界上第四大深水油气资源勘探海域。“捍卫南海主权、开发南海油气资源”是我们每一个石油人应尽的职责和努力的目标。

三、思政点睛

“海洋石油981”深水半潜式钻井平台肩负着建设“海洋强国”的梦想，是我国各个行业科研工作者智慧的结晶，自2012年起屡创深水纪录，打破了少数几家国际石油公司对深水领域的技术垄断。对于巨量的海洋油气资源来说，中国海洋油气资源开发仍然“任重道远”，作为石油人，我们应该坚定“科技兴国，海洋强国”的信念，有信心攻克海上油气资源勘探开发的各种难题。

抓住机遇，面对挑战，用知识拥抱石油工业的未来

课程　石油工程新生研讨课

教学知识点　非常规油气田开发

案例教学目标　通过介绍石油行业的最新动态以及新工科背景下石油工程专业向页岩油气、可燃冰、储气库、地热开发领域的拓展，提高学生对专业的认可度和对未来发展的信心。

案例编写人　冯福平

一、问题引入

2014 年以来，受美国页岩油气革命影响，全球油气供应急剧增加，OPEC 和非 OPEC 产油国为争夺市场份额坚持不减产，叠加石油需求增长乏力等因素，全球石油市场陷入严重失衡，WTI 价格从 2014 年的平均 93. 2 美元/桶跌至 2016 年初最低的 26. 2 美元/桶，三年跌幅 70%以上。在此背景下，国内部分油田长期处于亏损的状态，各大油田企业招工人数锐减，石油工程专业也在短期内进入了“就业寒冬”，石油工程专业的前景成为大家关注的首要问题。

二、案例介绍

1. 国内石油行业发展将迎来新一轮提速

1）“七年行动计划”提供了石油行业足够长时间的景气向上周期

目前，国际油价仍处于低迷状态，但是由于近年来我国油气对外依存度不断攀升，中央领导多次针对国内油气现状作出重要批示，要求石油企业加大国内油气勘探开发力度，确保油气高质量供给。国家层面的关注，表明保障石油行业高质量发展不再只是企业关注的目标，现阶段已经上升至国家能源安全的长效需求。

国家能源局召开大力提升油气勘探开发力度工作推进电视电话会议

2019 年年初，中石油、中石化、中海油针对资源现状，都制定了一份“七年行动计划”，并付诸了行动，这为石油行业提供了足够长时间的景气向上周期。区别于国外市场，国内石油行业发展不仅与油价波动有关，后续将更多受国家能源安全政策下的确定性投资拉动。可以预见，今后若干年内，石油企业将获得上至国家、下至地方的全力支持，国内石油行业发展将迎来新一轮提速。

2）智慧油田建设进入中石油中远期规划

“十三五”以来，人工智能、大数据等技术发展上升为国家战略，大数据与人工智能成为国务院确定的七个战略性新兴产业之一。2019 年中国石油提出“共享中国石油”发展理念，其核心就是加快信息化建设和集成应用，推进数字化、网络化、智能化融合发展，积极采用物联网、大数据、云计算、区块链、人工智能等先进技术，以人力资源和财务共享中心建设为先导，实现“共享中国石油”。智慧油田建设需要既懂油气业务知识又懂人工智能技术的复合型人才，也必将为石油工程专业毕业生提供更多的发展机遇。

2. 石油工程专业的领域拓展

1）非常规油气资源开发

非常规油气一般包括致密油气、页岩油气、超重（稠）油、煤层气、天然气水合物等。我国非常规油气储量丰富，约为常规油气储量的 4 倍，非常规油气资源是目前增储上产的重要接替方向。例如，美国发动“页岩气革命”，在很大程度上重写了世界能源的格局，为美国带来了能源的独立性，美国已从能源进口国转型成为能源净出口国。

2）可燃冰开采

可燃冰的已探明储量是全世界煤、石油、天然气等传统化石能源含碳量的两倍，标准状态下 1 立方米的可燃冰可以分解为 164 立方米的天然气和 0. 8 立方米的水，燃烧后仅会生成少量的二氧化碳和水，不会留下固态残渣，是一种燃烧值高、清洁无污染的新型能源。我国是天然气水合物资源储量最多的国家之一，据《中国矿产资源报告（2018）》数据，自然资源部初步预测我国海域天然气水合物资源量高达 800 多亿吨油当量，可以满足我国今后较长时间内的能源需求。可燃冰被视为继煤层气、页岩气之后最有效的战略接替能源，具有良好的发展潜力。但是目前可燃冰面临着开采成本高、环境风险高等难题，距离商业化生产还需一段时间。一旦可燃冰商业化开采的技术难题被攻克，将会推动整个世界能源利用格局的改变。

3）储气库建设

我国天然气工业已经步入快速发展的轨道，随着天然气需求量的日益增加、进口气量的持续快速增长以及国内大型长输管道工程的提速建设，天然气储存和调峰矛盾日益突出。如何实现地下储气库业务可持续发展已成为我国天然气产业面临的主要问题之一。

中国储气库宣传片

截至 2019 年，我国已有 27 座储气库建成并投入调峰运行，形成 100 亿立方米调峰能力，最高日调峰能力已经超过 1 亿立方米，为城镇燃气调峰发挥了主体作用，如北京冬季安全供气主要依赖地下储气库，冬季 40%～50%的用气量来自地下储气库，为京津冀地区雾霾治理、安全供气做出重大贡献。中国储气库进入了黄金大发展时期，以中国石油为代表的天然气供销企业，正在积极响应国家要求，加大储气调峰设施的建设。

4）地热开采

地热能是蕴藏在地球内部的热能，是一种清洁低碳、分布广泛、资源丰富、安全优质的可再生能源，可以分为浅层地热能、水热型地热能和干热岩型地热能。地热能开发利用具有供能持续稳定、高校循环利用和可再生的特点，可以减少温室气体排放，改善生态环境，有望成为能源结构调整的新方向。根据中国地质调查局 2015 年调查评价结果：我国大陆 336 个主要城市浅层地热能年可采资源量折合 7 亿吨标准煤；我国大陆水热型地热能年可采资源量折合 18. 65 亿吨标准煤（回灌情景下）；干热岩资源主要分布在西藏，其次为云南、广东、福建等地。

我国是世界上开发利用地热能资源最早的国家之一，对温泉等地热资源的利用可追溯至先秦时期，21 世纪以来，在政策引导和市场需求推动下，我国地热能资源开发利用得到了快速发展。

三、思政点睛

随着我国油气对外依存度的不断升高，无论是石油企业的“七年行动计划”、智慧油田建设，还是新工科背景下石油工程专业向非常规油气、可燃冰、储气库、地热开发领域拓展，都为石油工程专业提供了广阔的就业前景和发展空间。虽然目前油价低迷，但只要我们坚定信心，努力提高自己的专业技能和科研能力，石油工程专业必定会有广阔的发展前景。

献身油气开发，保障国家能源安全

课程 石油工程新生研讨课

教学知识点 油气田开发的重要意义

案例教学目标 通过介绍石油对国家安全的重要性以及目前我国油气开发的现状，激发大家作为未来油气钻采领域从业者的责任感和自豪感。

案例编写人 冯福平

一、问题引入

历史上，人类社会经历了三个能源时期：以草木燃料、水力、畜力为主的能源时期；以煤炭为主的能源时期；以石油、天然气为主的能源时期。目前世界仍处于以石油和天然气为主的能源时期。石油不仅是一般商品，而且是一种“政治商品”。美国作家丹尼尔·耶金所著的报告文学《石油风云》中说道：“现代战争史，在一定意义上就是石油资源的争夺史。石油作为战略资源，它与国家战略、国家实力和全球经济、政治、军事、外交，紧密地交织在一起。事实证明，谁控制了世界石油资源，谁就掌握了控制世界的权柄”。

石油与国家安全

二、案例介绍

我国石油资源集中分布在渤海湾、松辽、塔里木、鄂尔多斯、准噶尔、柴达木、珠江口和东海陆架八个盆地。天然气资源集中分布在塔里木、四川、鄂尔多斯、东海陆架、柴达木、松辽、莺歌海、琼东南和渤海湾九大盆地。

2019 年中国十大油田排名及产量如下。

（1）中石油长庆油田。2019 年长庆油田生产原油 2416 万吨、天然气 412.3 亿立方米，折合油气当量 5701 万吨，创造了长庆油田年产油气当量的最高纪录。在“磨刀石上闹革命”的长庆油田，经过近 50 年的发展，已建成了我国重要的原油生产基地和最大的天然气生产基地，油气当量连续 7 年突破 5000 吨。

（2）中石油大庆油田。2019 年大庆油田完成油气当量 4362.82 万吨，同比增加 195.96 万吨。其中，完成国内原油产量 3090.01 万吨，获得海外权益产量 910 万吨，这也是首次突破 900 万吨，同比增加 293 万吨；生产天然气 45.53 亿立方米，同比增加 2.18 亿立方米，再创历史新高。2019 年是大庆油田发现 60 周年，累计生产原油 24 亿吨，上缴税费及各种资金近 3 万亿元。

（3）中海油渤海油田。2019 年获得重大勘探突破、探明超千亿方凝析气田的渤海油田，实现持续稳产约 3000 万吨的目标。

（4）中石油塔里木油田。2019 年，作为中国石油“稳定东部、发展西部”的重要接替区，塔里木油田已建成我国陆上第三大油气田和西气东输主力气源地，突破 2850 万吨，油气产量当量较去年同期净增超 200 万吨，创近年最大增幅。

（5）中石化胜利油田。2019 年，胜利油田实现稳产约 2400 万吨目标，新增石油探明地质储量 4644. 29 万吨、控制地质储量 6696. 39 万吨、新增预测石油地质储量 8258. 53 万吨。

（6）中石油西南油气田。2019 年，中石油西南油气田公司天然气净产量超 268. 5 亿立方米，约占全国天然气产量 15. 5%，油气当量约 2139 万吨。

（7）中海油南海东部。2019 年南海东部油田全年产量约 1500 万吨，根据中海油“七年行动计划”，2025 年南海东部油田计划上产 2000 万吨。

（8）中石油新疆油田。2019 年，新疆油田全年生产原油 1247 万吨、天然气 29. 3 亿立方米，油气当量约 1480 万吨。

（9）陕西延长油田。2019 延长油田全年累计生产原油 1120. 14 万吨，超计划任务 1366 吨。

（10）中海油南海西部、中石油辽河油田。2019 年中海油南海西部油气田全年约 1000 万吨，辽河油田克连续 34 年原油稳产 1000 万吨。

1993 年开始，我国石油消费量超过产量，成为石油净进口国。此后，石油进口量和对外依存度大幅攀升。2017 年我国成为世界最大原油进口国，2018 年全年石油净进口量达 4. 4 亿吨，同比增长 11%，石油对外依存度升至 69. 8%，同比上升 2. 6 个百分点；天然气进口量 1254 亿立方米，同比增长 31. 7%，对外依存度升至 45. 3%，超过日本成为世界最大的天然气进口国。2019 年中国石油原油产量不再负增长，同比正增长了 1. 2%，总量达到了 1. 91 亿吨，但对外依存度升至 70. 8%，不利于国家能源安全。

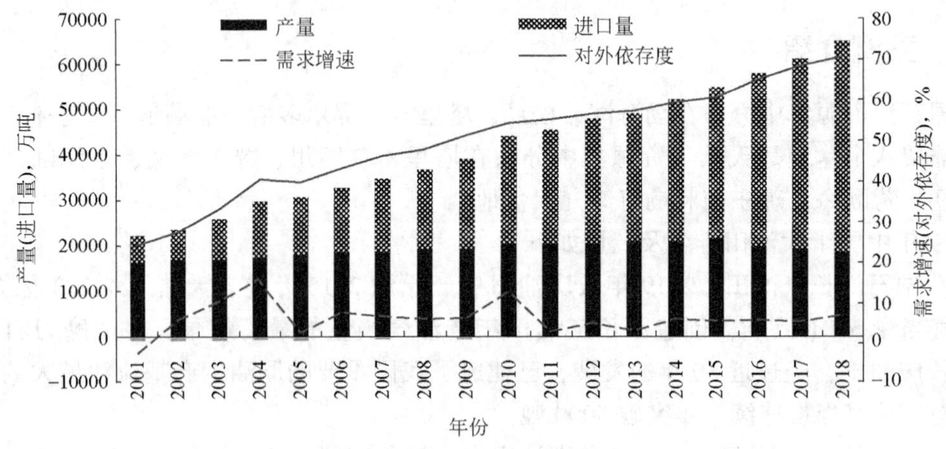

近年来中国石油对外依存度变化

三、思政点睛

我为祖国献石油

油气作为主要消费能源，作为推动经济发展的动力之源，在油价大幅上升、进口石油渠道不畅、产油国出口被限等条件下，对外依存度过高会给国家的经济安全，特别是能源安全带来较大的影响，甚至会成为少数国家要挟中国的一种手段与工具。因此，作为未来油气钻采领域的从业者，同学们承担着为祖国奉献石油、保障国家能源安全的重任，在感到责任重大的同时也应为此感到骄傲和自豪。

铭记油气井工程领域先辈，将石油行业精神发扬光大

课程 石油工程新生研讨课

教学知识点 石油工程专业介绍

案例教学目标 通过介绍第一代铁人王进喜和周世尧教授的典型事迹，让大家了解并学习石油行业精神。

案例编写人 冯福平

一、问题引入

油气井工程方向（原钻井工程专业）是我校最早（1961 年）招生的专业之一，1994 年原钻井工程专业、油藏工程专业、采油工程专业合并为石油工程专业。多年来油气井工程方向涌现出了无数感人至深的典型人物和光辉事迹，大庆第一代铁人王进喜、第三代铁人李新民等都是从事油气井工程方向的典型人物代表。我校校园内有两座雕像，分别为第一代铁人王进喜和中国石油教育奠基人周世尧教授，我们一起来听听他们的故事。

二、案例介绍

王进喜，1923 年 10 月 8 日出生于甘肃省玉门市赤金堡一个贫苦的农民家庭。1950 年春，他成为新中国第一代钻井工人，先后任司钻、队长等职，1956 年 4 月加入中国共产党。1960 年 2 月，东北松辽石油大会战打响。玉门闯将王进喜带领 1205 钻井队于 3 月 25 日到达萨尔图车站，下了火车，他一不问吃、二不问住，先问钻机到了没有、井位在哪里、这里的钻井纪录是多少，恨不得一拳头砸出一口油井来，把“贫油落后”的帽子甩到太平洋里去。面对极端困难和恶劣环境，会战领导小组作出了学习毛主席《实践论》和《矛盾论》的决定。王进喜组织 1205 钻井队职工认真学习“两论”。通过学习，王进喜认识到：“这困难，那困难，国家缺油是最大困难；这矛盾，那矛盾，国家建设等油用是最主要矛盾。”1205 钻井队的钻机到了，但是没有吊车和拖拉机，汽车也不足。王进喜带领全队工人用撬杠撬、滚杠滚、大绳拉的办法，“人拉肩扛”把钻机卸下来，运到萨 55 井井场，仅用 4 天时间，把 40 米高的井架竖立在茫茫荒原上。井架立起来后，没有打井用的水，王进喜组织职工到附近的水泡子破冰取水，带领大家用脸盆端、水桶挑，硬是靠人力端水 50 多吨，保证了按时开钻。萨 55 井于 4 月 19 日胜利完钻，进尺 1200 米，创 5 天零 4 小时打一口中深井的纪录。1960 年 4 月 29 日，1205 钻井队准备往第二口井搬家

时，王进喜右腿被砸伤，他在井场坚持工作。由于地层压力太大，第二口井打到 700 米时发生了井喷。危急关头，王进喜不顾腿伤，扔掉拐杖，带头跳进水泥浆池，用身体搅拌水泥浆，最终制服了井喷。房东赵大娘看到王进喜整天领着工人没有白天黑夜的干，饭做好了也不回来吃，感慨地说："你们的王队长可真是个铁人呐！"余秋里得知后，连声称赞大娘叫得好。在第一次油田技术座谈会上，余秋里号召 4 万会战职工"学铁人、做铁人，为会战立功，高速度、高水平拿下大油田！"

"铁人"是二十世纪五六十年代社会送给石油工人王进喜的雅号，而铁人精神是王进喜崇高思想、优秀品德的高度概括，也集中体现出我国石油工人精神风貌。铁人精神是"爱国、创业、求实、奉献"的大庆精神的典型化、人格化。其主要方面包括："为祖国分忧、为民族争气"的爱国主义精神；为"早日把中国石油落后的帽子甩到太平洋里去""宁肯少活二十年，拼命也要拿下大油田"的忘我拼搏精神；干事业"有条件要上，没有条件创造条件也要上"的艰苦奋斗精神；"要为油田负责一辈子""干工作要经得起子孙万代检查"，对工作精益求精，为革命"练一身硬功夫、真本事"的科学求实精神；不计名利，不计报酬，埋头苦干的"老黄牛"精神；等等。铁人精神体现了我国工人阶级精神风貌和中华民族传统美德的完美结合。

周世尧教授为我校开发系第一届主任，1915 出生于湖北省黄陂县，是我国石油钻井领域专家，我国石油钻井事业的先驱之一，我国石油教育事业的奠基人之一，我国石油钻井专业史上第一位教授，九三学社成员。

周世尧教授 1941 年毕业于重庆大学机电工程系，1945 年留学美国。1948 年初，周世尧教授谢绝高薪和优越的生活条件，带着我国石油钻井史上引进的第一台深井钻机回国参加新祖国建设。1949 年底，周世尧教授带着一只 20 多人的钻井队伍奔赴西部戈壁滩，开发玉门油田，闻名全国的"五面红旗"中的王进喜、马德仁、薛国邦就在这个队里。

1953 年周世尧教授被调到北京筹建北京石油学院，开始了为石油工业培养专门人才的教学工作。1956 年晋升为正教授（国家三级），成为我国石油钻井专业的第一位教授，受到了毛泽东主席、周恩来总理的亲切接见。周世尧教授曾任北京石油学院开发系主任、国家科学技术委员会石油地质组组员等职。在北京石油学院工作期间，周世尧教授先后编写了《油井工程》《钻井工程》等教材以及《英汉油矿辞典》，这些成为石油钻井、石油勘探的宝贵资料。他还组织创办了《石油勘探开发》《石油钻井》等杂志，是《石油钻井》杂志的首批创办人之一。

1961 年，周世尧教授奔赴茫茫北国荒原，筹建东北石油学院（现东北石油大学），曾任东北石油学院第一届开发系主任、教授、院职工代表大会副主席。虽然工作地点变了，可他那种兢兢业业、雷厉风行、肯于吃苦、任劳任怨的工作作风没有变。他依然像创建北京石油学院一样，在这片未曾开垦的土地上，开始了建设东北石油学院的艰苦工作。他参加过"干打垒"的修筑，拣过粮，挖过菜，扛过实验设备。虽然工作很繁重，他没有说过一声苦，喊过一声累，靠着一种为祖国石油事业培养人才的坚定信念，把根扎在了安达。在东北石油学院的教学中，周世尧教授注重因材施教，针对学生的不同特点，拟定不同的教学题目，使学生们能发挥其所长，以达到人尽其才的效果。1963 年，为了东北石油学院的教学工作，他以大局为重，放弃了调回北京与家人团聚的机会，直到 1968 年去世。周世尧教授把他短暂而又伟大的一生全部献给了祖国的石油事业。

三、思政点睛

铁人王进喜和周世尧教授是油气井工程方向油田企业和教师的典型代表，他们这种吃苦耐劳、对工作认真负责、刻苦钻研、精益求精的态度，以及高尚的爱国主义精神、高贵的品格是石油行业精神的具体体现，是中华民族精神的重要组成部分，是历久弥新、永不褪色的宝贵精神财富，是激励一代又一代石油人拼搏奋进、担当作为、干事创业的强大精神动力。

恪守工程职业道德，打造行业国际标杆

课程 石油工程认识实习

教学知识点 工程职业道德和规范

案例教学目标 通过介绍朴凤元、徐淑英和GW80钻井队的模范事迹，加深学生对工程职业道德的理解，引导学生继承爱岗敬业、忠诚老实、兢兢业业、勇攀高峰等优秀品质。

案例编写人 曲国辉

一、问题引入

中国有句名言，“三百六十行，行行出状元”。作为石油工程专业的学生自然希望自己是这个行业的状元，同时对自己毕业后的工作岗位、工作环境、薪金待遇等充满了期待，那么在未来的工作中，无论是技术岗、干部岗还是工人岗，该如何恪尽职守、发挥优势和特长，成为行业能手呢？下面讲述三个模范事迹，为同学们展示什么是石油行业的“行行出状元”！

二、案例介绍

1. 爱岗敬业，以岗为家，做一个忠诚的石油工程师

朴凤元，男，1959年出生，1975年参加工作，大庆油田高级技师，1985年由大庆石油管理局总机械修理厂调入物资集团让胡路仓储公司机械一队，从事推土机等大型设备的维修保养工作。40多年来，他扎根一线艰苦岗位，以“就要当个好工人”的执著信念，对企业忠诚，工作兢兢业业，技术精益求精，始终保持着踏踏实实而又积极进取的工作作风、平和淡定而又健康乐观的生活态度，在平凡的岗位上做出了不平凡的业绩。

多年来，他参与大修车辆200多台，累计义务献工13800小时，通过不断发明革新、旧件再利用等方式，和班组的同志一起节约修理费300多万元，圆满地完成各项生产任务。朴凤元喜欢看书，勤于思考，他创作的歌曲《就要当个好工人》、“干是千斤顶，学是螺丝钉”已成为修理班的班歌、班魂，《行为箴言》已成为班组员工的日常行为规范，促进了班组文化建设，提高了班组管理水平。2007年9月，他被物资集团授予“爱岗敬业好工人”荣誉称号。同年，他被评为大庆油田“优秀职工”。

他的事迹告诉我们，无论身在何种岗位，都要把企业当作自己的家，忠诚是一名合格的石油工程师必备的基本条件。

2. 采油铁姑娘

徐淑英是黑龙江省青冈县人，1950 年出生，她在 20 世纪 70 年代被称为“采油铁姑娘”。她 1966 年到大庆参加工作，1971 年加入中国共产党，历任女子采油队食堂管理员、饲养员、采油工、队长、采油四部党委副书记、采油厂工会主席、大庆市政协委员。徐淑英在工作中努力像铁人王进喜那样严细认真、不畏困难、拼命大干。1970 年的一个风雪弥漫的夜晚，气温下降到零下 38 度，她在巡回检查时发现干线炉被风刮灭，连划几十根火柴都被大风吹灭。她立即脱下身上的棉衣挡风，又扯下衣服上的棉花蘸汽油引火，避免了事故的发生。某排 20 井掉进了几百米钢丝，打捞两次都没成功，成了老大难积压井。1974 年元旦，她主动承担了打开积压井的任务。打捞中由于闸门失灵，原油不断往上喷。她顶着迎面喷来的原油，爬上扒杆，一只手抱住防喷管，一只手拼命向外拉钢丝，原油喷得她成了“油人”。为尽快打开这口积压井，她在井上坚持战斗一天一夜，在去 19 井取管钳的路上，竟昏倒在加热炉旁。一次，她正和同伴们吃晚饭，听说几里外的一口油井发生井喷，她拿起铁锹就向井场冲去。制服井喷必须抢关闸门，切断火源，但井口闸门已经失灵，在场指挥的同志让她快速去器材站取闸门。当她返回井场时，突然看到一个老师傅从井口房上摔下来。这时，她忘了自己身上被火烧着，背走老师傅后，又把棉衣弄湿顶在头上，再次冲向井口。闸门装上了，油井保住了，可是她却昏倒了。1974 年大庆党委授予她“采油铁姑娘”的称号，1977 年她被授予石油工业部劳动英雄称号。

3. 用中国速度，打造高标准，海外立标杆

GW80 钻井队隶属于长城钻探，全队共 87 人，其中外籍员工 72 人，作业地点在泰国。靠着精细化管理体系和队伍的整体高素质，他们创造了陆上石油钻井同类钻机年进尺、同类钻机搬家速度等三项世界第一，从名不见经传成长为国际市场中的金牌钻井队，长城钻探 GW80 钻井队的成长轨迹给人们带来惊喜和启迪。

GW80 钻井队组建 7 年就赚回了 3 套设备的费用，还一度得到了一次性延期 5 年的超长续签合同。这得益于 GW80 钻井队对高标准的深入理解。泰国市场虽然不大，但一直被西方知名钻井公司占领。甲方执行的是壳牌标准，对井队各环节的作业效率都有严格规定。比如，下某规格的油管每小时必须为 27 根，少于这个数就扣日费。搬家则实行大包方式，标准是 2. 25 天。要想站稳市场，就必须尽快理解甲方标准，在实践中提高。

GW80 钻井队针对甲方要求严格、作业节奏快、工作强度大和地层复杂的特点，首先吃透钻井设计与合同，细化施工程序，编写各岗位职责，制定严格的标准，通过一遍遍地演练，在员工头脑里固化，进而养成习惯。一段时间后，员工操作时，连一个多余动作都没有，并以高于甲方标准的施工完成了任务。

在海外钻井作业中，GW80 钻井队认识到，粗放的作业管理背后隐藏着严重的时间浪费和效率下降问题。在竞争激烈的国际市场，必须在经营和生产中重视细节。GW80 钻井队坚持这样的理念：甲方是上帝，只有让甲方真正感受到了你的专业品质，提升了管理水平，乙方的价值才能真正体现出来。这个队从甲方的角度考虑，每小时起多少柱钻具、下多少根套管、下多少根油管、甩多少柱钻具都有量化标准。尽量减少辅助钻井时间，在固井候凝时装防喷器、保养设备和甩钻具等，主动工作，为作业节省时间。这样做，每年为甲方增加了钻井数量，节约了成本。甲方的满意度大幅度提高，达到了互利双赢的效果。

2008 年金融危机时，泰国国家石油公司总裁对下属说：“我们海上有个 sea drill，陆上有个 GW80 钻井队。如果这两个队没有合同的话，必须给我一个合理的解释。”钻井速度快，对设备的要求更高。日常钻井中，作业速度快，不可能专门停下来进行设备保养。GW80钻井队就通过细致梳理生产作业流程，把日常的设备保养时间融合到整体作业流程中。他们把设备的保养情况输入电脑，对上万件的消耗材料和易损件跟踪管理，及时调整库存，做到各类备用材料合理够用，对各类设备的寿命和损伤情况做到心中有数。作业中，他们根据工序的实际情况，及时保养暂时不用的设备，利用设备间歇时间进行检修或更换零部件，达到了事半功倍的效果。

三、思政点睛

无论是爱岗敬业、以岗为家、对企业忠诚的石油工人朴凤元，被称为“采油铁姑娘”的徐淑英，还是在国际上立标杆的长城钻探GW80钻井队，都告诉我们这样一个道理：在任何的工作环境和条件下，只要能够不忘初心，恪守职业道德，都能干出一番不平凡的事业，成为一名合格的石油工程师。

走近“老会战”，领悟大庆精神铁人精神

课程 石油工程认识实习

教学知识点 大庆精神铁人精神

案例教学目标 通过介绍“五面红旗”之采油工人薛国邦的英雄事迹，使学生加深对老一辈石油人英雄事迹的了解，进一步理解大庆精神、铁人精神的内涵和时代价值。

案例编写人 曲国辉

一、问题引入

大庆石油人，有着不计个人得失的革命精神。对于大会战时期的大庆石油人来说，奋斗与奉献这两个词已经深深融入了他们的骨血，他们所有汗与泪的付出都不求回报，唯一的愿望就是为祖国献上石油。在会战初期有这样一位采油工人，深深地印在共和国的记忆里。他的名字是薛国邦，在铁人王进喜纪念馆里，依然能够看到这位石油工人的英雄事迹。

二、案例介绍

薛国邦是石油会战初期“五面红旗”之一，1927 年出生，甘肃省酒泉县人，1954 年加入中国共产党，是大庆油田第一个采油队队长、全国著名劳动模范。薛国邦历任修井队长、采油队长、试采大队长、采油矿长，采油指挥部副指挥、副书记、书记，大庆市（局）党委副书记、大庆市人大常委会主任等职，曾当选第六届黑龙江省人大代表。

1960 年，薛国邦率领采油队从玉门油田来大庆参加石油大会战。当生产试验区的第一口油井——萨 66 井完钻后，他带领采油队的同志接管了这口井。为了扎扎实实地管好这口油井，取得“四全四准”资料，为国家生产原油，无论是白天还是夜晚，薛国邦总是在采油树跟前转来转去，摸摸这儿，听听那儿，看看压力，分析记录下来的数据。若是遇到风天雨天，更是放心不下，一会儿蹲在采油树旁凝神静听着可疑的声音，一会儿又聚精会神地观察井口压力的变化。一天，油井突然发生了变化，原油产量直线下降，半天找不出原因，大家有些心慌了，薛国邦也急得满头是汗。他竭力抑制自己内心的不安，站在采油树跟前，侧着身子，静静地听着出油的声音，蹲下观察套管压力，又走上清蜡操作台，观察油管压力，最后跳下操作台，三步并作两步地走到土油池边。油嘟嘟地间歇喷着，他观察了半天，心里倏地亮了起来，绷紧的脸也豁然开朗了——原来是地面管线结了硬蜡。故障迅速排除了，油井又恢复了生产。大庆油田就是从薛国邦接管的这一口油井，首先取得了 20 项“四全四

准”的资料，准确地掌握了油层情况，为石油大会战的全面展开创造了条件。

在大庆油田刚出油的日子里，为了尽快把原油运出去，上级决定把第一列车原油输送任务交给他所领导的采油队。接受任务后，他不分白天黑夜地奋战在油井上，饿了啃口干馒头，困了就打个盹。在严寒使原油凝固、输油泵打油受阻的情况下，为了把原油按预定时间运出，他毅然脱掉棉衣，双手抱住高温蒸汽管，第一个跳进油池，用蒸汽温原油。蒸汽管把他的手烫坏了，也全然不顾，一直坚持到泵满罐为止。他工作勤勤恳恳、任劳任怨，从不计较个人得失和安危，曾多次冒着生命危险抢救发生事故的油井。有一次供油管线脱扣，他奋不顾身地用胸膛顶住喷着原油的管口，高压原油的强大压力打得他周身麻木，几乎失去知觉，但他还是以顽强的毅力，坚持到底，终于保住了油井。

1954 年，薛国邦在玉门油矿就被评为全国石油系统先进生产者。1958 年，出席了全国社会主义建设积极分子代表大会。1959 年，被评为全国劳动模范，出席甘肃省和全国工业建设“群英会”。1977 年，石油工业部授予他“会战初期五位著名老标兵之一”的称号，1978 年，被评为黑龙江省劳动英雄。

三、思政点睛

铁人王进喜和薛国邦等“五面红旗”为代表的老一辈石油人奠定了大庆精神和铁人精神的基础，对于大庆精神铁人精神的内涵和时代价值的理解有着重要的意义。正是这些精神的存在，激励着大庆油田从 1976 年到 2002 年，持续高产稳产 5000 万吨以上 27 年，创造了世界同类油田开发史上的奇迹。作为一名未来的石油工作者，同学们要学习老一辈石油人身上的大庆精神铁人精神，有责任在今后的工作生活中将它发扬光大，世代传承。

创新高效勘探技术，老油田焕发新容颜

课程 油层物理

教学知识点 储层岩石分类与实例

案例教学目标 通过新疆油田“玛湖大发现”的介绍，使同学们了解随着勘探开发理论和技术的进步，老油田的潜力会慢慢地被发现，利用新技术，老油田也可以焕发新容颜，从而坚定从事石油行业的信心。

案例编写人 王胡振

一、问题引入

碎屑岩储层是目前世界上主要含油气区的重要储层，它包括各种类型的砾岩、砂岩、粉砂岩以及没有胶结好的砂层。其中细砂岩和粉砂岩储层分布最广、储油物性最好。砾岩油田以新疆克拉玛依油田为代表，是我国发现的第一个大油田。经过半个世纪的开发，作为产能建设主体的断裂带已多年无重大突破，然而随着勘探思路的转变，经过十余年持续科技攻关，最终在与之相邻的玛湖凹陷中心区发现十亿吨特大型砾岩大油田，这也意味着一个有60多年历史的老油田，将迎来发展的春天。

二、案例介绍

克拉玛依油田是新中国成立后发现的第一个大油田，为我国经济建设做出了突出贡献。经过半个世纪的开发，作为产能建设主体的断裂带已多年无重大突破。自20世纪90年代以来，该油田就一直坚持把寻找大油田、发现大油田作为重中之重，转变观念，提出“跳出断裂带，走向斜坡区”重大勘探新思路，紧盯与之相邻的玛湖凹陷。然而凹陷区砾岩勘探面临资源潜力小、有效储层少和缺乏配套技术等公认的难题，国内外尚无凹陷区砾岩规模勘探的成功先例。

2005年以来，围绕砾岩成藏理论与勘探关键技术等难题展开了“产学研用”协同攻关，通过创新地质认识、强化技术攻关和突出效益勘探，玛湖地区勘探随之连续获得重大突破，首次发现了目前已知全球最古老的碱湖优质烃源岩，指导发现了玛湖10亿吨储量规模大油区。

新疆油田公司总地质师支东明感慨地说：“经过10余年持续攻关，我们不断丰富发展了陆相生油与砾岩沉积学理论，建立了砾岩大油区成藏模式，集成创新了砾岩高效勘探技术，跳出断裂带发现了10亿吨级玛湖大油区，不仅实现了几代新疆石油人为国再找大油田的夙愿，也为我国乃至世界砾岩勘探提供了成功经验。”

玛湖大油田的原油含有稀缺的环烷基组分，是炼制国内独有的航空大功率煤油、超低温润滑油等高端石化产品不可替代的主要原料。该大油田的发现，对保障国家能源安全、促进新疆经济的发展和社会稳定长治久安以及加快“一带一路”建设，具有重大的战略意义。

截至目前，玛湖大油区已累计发现三级石油地质储量12.4亿吨，其中探明储量5.2亿吨。经过调研比较，世界范围内较大的砾岩油田，如美国赫姆洛克油田、巴西卡莫普利斯油田，储量规模都比玛湖砾岩油田小。玛湖油区的储量规模相当于再造了一个克拉玛依油田，而且随着勘探的逐步深入和油气地质理论的发展，该区域具备更大的可挖潜潜力。

三、思政点睛

老油田还是有着非常大的潜力的，只是在以前没有发现它们的潜力，更是没有技术去挖掘它们的潜力。随着我国勘探技术以及开采技术的发展，老油田的潜力被慢慢地发现乃至挖掘，新疆油田的案例告诉我们，很多老油田现在依然有巨大潜力，我们要发挥严谨的科学态度和锲而不舍的钻研精神，使这些老油田重新焕发青春。

探究中国石油工业崛起的基石

——大庆油田松基三井

油层物理

教学知识点 原油的物理性质

案例教学目标 通过介绍大庆油田发现井——松基三井，使同学们了解大庆油田的发现以及原油的性质对我国石油工业发展的重大意义，弘扬石油精神，激发大家作为石油人的责任感和自豪感。

王胡振

一、问题引入

中华人民共和国成立前，石油工业十分落后。地质勘探没有统一计划，没有先进设备和资金保证，仅有少数地质专家在陕北、甘肃、新疆、四川等局部地区进行过石油地质勘探，共发现 5 个小油田和 7 个小气田，累计发现石油储量 2900 万吨，年产原油 12 万吨。新中国成立后，我国石油行业得到长足发展。20 世纪 50 年代我国有了专门从事油层物理研究的专业技术人员，60 年代大庆油田、胜利油田的开发使我国油层物理有了进一步的发展，油田研究单位相应建立了有关油层物理的各类实验室，开展了油层物理各个领域的实验研究。

二、案例介绍

1958 年 9 月，松辽石油勘探局破天荒地提出在肇州县“大同镇电法隆起”上安置“松基三井”的井位，它的具体地点就是现在高台子镇旁一个名叫勇跃村的小村庄。钻井队于 1959 年 4 月 11 日在那里开钻，从井深 1050 米处开始，连续在 6 个井段取出粉砂岩和细砂岩岩心，每一个岩层都见到了油浸和含油现象。在场和赶来的专家经过认真的研究，果断地决定用原钻试油。1959 年 9 月 26 日下午 4 时，只听一声令下：“开阀放油……”，哗……油管里顿时发出了巨大的呼啸声，在井底强大的压力下，一条棕褐色的油龙喷射而出。松基三井喷出工业油流预示着中国罕见的大型陆上砂岩油田的诞生，在我国石油工业的发展史上具有里程碑意义。松基三井改变了中国石油工业的落后面貌。2001 年，松基三井被国务院列为国家级文物保护单位，成为共和国最年轻的文物之一。

松基三井喜喷工业油流，勘探发现了大庆油田。20 世纪 60 年代初举世闻名的大庆石油会战，为国争光、为民族争气，凭借这种报国情怀，会战队伍仅用三年时间，成功开发建设了大庆这个世界级特大油田，为我国石油工业做出巨大贡献。

松基三井喷出棕褐色的油龙

松基三井纪念地

随着大庆油田的开发，油层物理方面的研究揭示了大庆原油特征。原油含蜡量为15%~30%，含硫量小于0.2%，含氮量小于0.3%，含镍2.3mg/kg，含钒0.08mg/kg，具有陆相原油的一般特征。地面原油黏度10~40mPa·s（50℃），地下原油黏度5~10mPa·s，地面原油20℃时的相对密度为0.83~0.88，脱气油的凝点为20~35℃。大庆油田各构造上原油的一般物理性质是由南向北变差，在油层纵向上由浅向深部变差，平面上由轴部向两翼变差。在纵向上接近油水界面处，原油密度、黏度明显增高；在平面上接近含油边界处，原油密度、黏度也明显增高。

三、思政点睛

大庆油田松基三井是中国石油工业崛起的基石，通过了解松基三井的发现过程及大庆原油的性质特征，作为石油人应该感到无比自豪，同时也应感受到肩上的责任。同学们要在平凡的岗位上不断传承与坚守石油精神，肩负起自己应有的责任。

牢记罗家 2 井泄漏事故教训，防安全隐患于未然

课程 油层物理

教学知识点 天然气的化学组成

案例教学目标 通过罗家 2 井天然气泄漏事故的介绍，使同学们对天然气的化学组成有更深入的认识，增强安全环保意识，提高对天然气井生产过程中的安全和环保问题的重视程度。

案例编写人 王胡振

一、问题引入

天然气是蕴藏于地层中的烃类和非烃类气体的混合物，其组成以烃类为主，并含有 N_2、H_2S、H_2、CO、CO_2 等非烃气体。非烃类气体一般在天然气中的含量很低，但有些气藏有很高的非烃类气体含量。非烃类气体中的 H_2S、CO_2 具有腐蚀性，容易对油套管和采气设备造成腐蚀。天然气井一旦出现泄漏事故，大量天然气泄漏至地面会造成严重后果，造成巨大损失，对自然环境和社会环境产生重大影响。因此，需要提高对天然气井泄露的重视程度，防患于未然。

二、案例介绍

罗家 2 井井深 3404m，有效储层厚度 64.9m，测试产量 $63.2\times10^4m^3/d$，H_2S 含量 $125.3g/m^3$，CO_2 含量 $106.88g/m^3$，属于含 H_2S 高、含 CO_2 中等的干气气藏。罗家 2 井于 1999 年 11 月开钻，2000 年 5 月 30 日完井。2006 年 2 月 5 日进行二次完井作业，2006 年 3 月 2 日循环发现井漏，分析认为大约在 2190m 左右套管损坏，且与相邻 124.57m 的罗家注 1 井管外环空窜通，发生严重地层井喷事故。2006 年 3 月 23 日在距井场 1.2 公里的高桥镇小河内出现大量含 H_2S 天然气泄漏点，立即紧急疏散群众 12000 人。2006 年 3 月 29 日，已有 5 个不同的区域出现大量天然气泄漏，最远地点离井场 4.5 公里。

罗家 2 井泄漏为一起多种因素叠加造成的工程地质复杂事故，事故主要原因是：一是在井斜较大的部位存在套管受到钻具磨损的可能性；二是罗家 2 井因井下复杂被迫改变了井身结构，使套管存在薄弱点，增加了先期损坏的可能性；三是地下 2190~2600m 的钢管受到硫化氢侵蚀等破坏而造成天然气泄漏。

四川油气田迅速启动应急预案，疏散井场周边人民群众。为避免地面冒气现象进一步恶

化，立即在罗家注 1 井放喷点火泄压。同时划定警戒区域，24 小时对空气、水体质量进行检测，避免此类事故发生。2006 年 3 月 28 日开始在地面冒气区安置聚气器，就地点火。

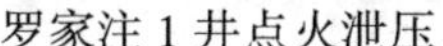
罗家注 1 井点火泄压

地面冒气区安置聚气器就地点火

第五次封堵压井施工过程中，罗家注 1 井放喷管口火焰持续减小直至不具喷势，地面 6 个冒气点的火焰逐步减弱。到第七次封堵施工结束后，连续观察罗家 2 井、罗家注 1 井井口压力一直为 0，初步判断罗家 2 井套管破口以下的气层已被封堵，气源已被切断，2006 年 4 月 6 日为巩固成果，又进行了一次封堵作业。

此次天然气事故造成大量人员紧急疏散，严重扰乱了社会生活秩序和农业生产活动。泄漏事故历时 7 天，由于该地区地层压力大，含气量丰富，造成大量天然气泄漏，经济损失巨大。同时甲烷排放量巨大，对该地区的自然环境影响较明显，尤其表现在甲烷和二氧化碳的温室效应。

三、思政点睛

罗家 2 井事故后，对已实施井必须重新制定安全风险管理措施，对未实施井必须进行专题论证优化设计，认识到地面、地下、工程安全风险，并进一步强化高含硫气田工程施工作业技术、质量、安全管理。我们要加强理论基础知识的学习，提高对天然气组分的认识，及 H_2S、CO_2 气体对气井套管腐蚀危害性的认识。

走进岩心库，探寻油田勘探开发的宝贵物证

课程 油层物理

教学知识点 储层岩石的孔隙结构

案例教学目标 通过介绍大庆油田岩心库，使同学们了解岩心的保存、管理和利用等相关知识，了解岩心的科学价值和宝贵之处。通过认识真实的岩心资料，激发大家走近岩心、走进科学、加强探索、热爱石油的热情。

案例编写人 王胡振

一、问题引入

油层物理学是建立在实验基础上的，没有对岩心的观察、分析和实验，就无法探知储层中流体的分布状况以及孔隙度、渗透率、饱和度、孔隙结构、敏感性等油田生产的基础数据。伴随着油田的勘探开发历程，从地下获取了越来越多的岩心实物资料，对岩心的管理和使用提出更高要求。为了解决该困境，各大油田陆续建立现代岩心库，促使岩心管理向自动化、数字化方向发展。

二、案例介绍

大庆油田岩心库建于 1982 年，主要负责大庆油田会战以来所有岩心实物资料的汇交、保管和利用，是大庆油田唯一的岩心实物资料库。

大庆油田岩心库现有岩心库房 5 座，总建筑面积 1. 62 万平方米。其中，1995 年和 2009 年投入使用的 4 号库和 5 号库，采用高架密集型设计，具有占地面积小、库存量大等特点，实现了岩心存取机械化。截至 2014 年 8 月，共入库岩心 4671 口井、45. 28 万盒，其中岩心 41. 83 万盒，岩屑 3. 46 万盒，库存量居亚洲第一。岩心库已建立形成岩心验收管理、岩心样品制备、岩心薄片制作、密闭取心检查、荧光检测分析、岩心图像扫描、人造岩心及岩心长久保存八项配套的岩心管理及实验前期准备技术，为岩心实验分析及科研生产提供岩心资料服务。

2007 年，大庆油田地质录井分公司建成了全国第一座数字化岩心信息资料库。数字化岩心信息资料库通过高分辨率图像采集设备，对岩心进行现场实时扫描，获得岩心实物原貌的高度保真图像，可提供整口井完整的岩心图像，再现岩心在地下的原始面貌。一口上千米油井的岩心图像资料，用一张光盘就可以完整地保存下来。相比传统技术，数字化岩心信息

可以永久保存，避免发生失真或丢失的情况。同时，数字化信息与岩心实物一样直观，使科研人员从中了解掌握区域地层特征更为方便。

大庆油田岩心库

三、思政点睛

取自地下的岩心是油田勘探开发过程中宝贵的物证，是认识和评价地层地质特征最直观、最真实的第一手资料。为获取这些岩心，曾花费大量人力和物力。它们不仅是当前油田勘探开发研究的重要实物资料，而且在以后相当长的时期内仍有研究和利用价值。同学们如果有机会，请走近石油，了解石油的前世今生；走进岩心库，探寻油田勘探开发的物证，通过对石油的了解和探寻，你就会对石油多一份热爱，对专业多一份热情。

促学科交叉，碰撞科研领域新火花

课程 渗流力学

教学知识点 等值渗流阻力法和保角变换

案例教学目标 通过介绍郭尚平院士从血流到油流及上海大学朱佩成教授等学科交叉等成功案例，让学生深入认识到学科交叉的重要性，学科交叉更能够让科学研究取得丰硕的创新成果，鼓励学生学好每一门课程，勇于创新，让学生学会多角度思考问题、融会贯通。

案例编写人 钟会影

一、问题引入

作为渗流力学中最重要的方法——等值渗流阻力法，源于水电的相似性，利用电学定律解决复杂渗流问题，同时，保角变换方法引入复变函数理论，给渗流问题的求解带来一定的方便。由此可知，学科交叉在多元化的今天，在认识世界和改造世界过程中，发挥着不容忽视的作用，请同学们在下面的案例中了解学科交叉的重要性，学习如何从多角度思考问题。

二、案例介绍

我们知道渗流力学不只研究油气水在油藏内流动，血液在人体内的流动也属于渗流力学的范畴。中国科学院院士郭尚平在建立和发展油气藏渗流、提高油气采收率的理论和方法方面取得了多项重要的研究成果。从 20 世纪 70 年代，郭院士与其团队对渗流力学与生命交叉渗透的想法付诸实施，开拓了生物渗流力学研究，他们艰苦工作、潜心钻研，开展了兔血渗流及人工多孔介质和真实血液渗流实验，并带领团队得出了生物渗流的渗流规律不遵循达西定律，而遵循一种非达西定律，在此基础上建立几种典型的生物渗流多重介质模型。生物力学之父、美国全国科学院和美国国家科学院院士冯元桢教授 1993 年 9 月给中国医学科学院刘泽扬的信中对上述生物渗流理论的评价说："郭先生的理论在世界上是突出的"。从 1990 年起，郭尚平开始专注于石油渗流研究工作，是我国最早按正规设计开发的两个大油田（克拉玛依油田和大庆油田萨尔图中区）开发设计渗流研究计算负责人，也是克拉玛依油田开发设计主要设计人，为我国油田开发做出了重大贡献，而这些贡献正是由于其前期所做的生物渗流研究对石油渗流研究起到了触类旁通的作用。

2018 年，媒体报道了上海大学理学院、材料基因组工程研究院朱佩成教授坚持学科交叉创新，长期致力于具有极强工业背景的应用数学的科学和科研，在材料科学领域取得了丰硕的成果。数学是科学之根，朱教授对数学不断钻研，并强烈地意识到让数学成为“接地气”的学科，才能真正解决和人民生活工作息息相关的问题。朱佩成在国外留学时，学习了很多建模技巧，同时学习了很多数学、固体物理、晶体学、材料科学等基础跨学科知识，在学习中逐渐建立了自己的科研哲学——应用数学只有在与别的科学领域紧密结合时，才能更有意义、更能得出重大成果。朱佩成教授的重要科研成果是“形状记忆合金”，即通过数学建模来认识形状记忆合金的更多性质，甚至设计出成本更低的金属组成的形状记忆合金，使得这类合金有更为广泛的应用，有更重要的经济和社会意义，这也是朱佩成长期以来坚持的科研目标之一。

从血流到油流，
郭尚平将渗流力学
触类旁通研究透

三、思政点睛

从郭院士和朱教授的科研经历可以看出，学科之间的交叉能成为重大成果、新学科诞生的沃土，是现代科学发展的方向。同学们在学好自己专业领域的知识的同时，也要努力学习不同学科的知识及技能。学科交叉学习过程中，容易触发创新思考，若能迎难而上，坚持不懈，一定能结出硕果。

探索未知，追求真理，发现达西定律

课程 渗流力学

教学知识点 线性定律与非线性定律

案例教学目标 通过介绍达西实验及达西的生平事迹，让学生深入认识达西定律的同时，鼓励学生要敢于实践、勇于开拓、不怕失败，培养学生树立严谨的科学态度和锲而不舍的钻研精神。

案例编写人 钟会影

一、问题引入

1856 年法国水利工程师亨利·达西（H. Darcy）针对水穿越砂流动开展实验，通过实验数据分析得到了达西定律，而后该定律被推广应用到其他多孔介质流动领域，包括油气水在地层内的流动、血液在血管中的流动等。达西定律是渗流力学中最基础的定律。

二、案例介绍

达西出生在距离巴黎二百多公里的美丽的第戎市，从小丧父，1826 年毕业于桥梁公路学院，毕业后便开始从事城市供水方面的研究。达西在工作初期，为了解决家乡第戎市饮用水源的问题，勇敢地承担了艰苦细致的研究任务，为第戎市设计了一整套配水系统，包括了两座蓄水池（容量为 5800 立方米）、5.6 公里长的输水渠、11 公里长的铸铁管线，输水量约为每日 1 万立方米。这在当时是一项非常艰巨的任务，即使在一百八十多年以后的今天也是十分可观的。1840 年工程完工，达西用了十八个月实现了居民四百年所渴望的梦想。由于该设计，达西于 1842 年被授予荣誉勋位。由于达西的杰出才能，年仅 37 岁的他被任命为科多尔省的总工程师，而后，该供水系统被其他城市效仿引用。

1855 年，由于健康原因无法从事工程建设工作，达西辞去职务，把全部精力用于科学研究中，在与疾病斗争的同时，开启了达西实验的研究。实验过程中，他不怕失败，进行了二百多次不同材料不同管径的水流实验，该实验在目前的管网设计中仍占有一席之地。达西实验采用水穿越砂流动，实验进行了三天，得出了对于同一特性的砂子，体积流量与压差成正比，与流过的砂层厚度成反比。但达西并未就此满足，为了使实验更加全面，分别在大于及小于大气压的情况补充了实验，结果进一步证实了达西定律的适用性。完成了达西实验后，达西又开始新的研究——水在明渠中的流动，他想在有限的生命内完成更多的科研工作，但在 1858 年 1

月 2 日，终究没有战胜疾病，在达西定律发表一年后去世，终年五十四岁。

尽管很多科研人员对达西定律的模型做了不同的修正，但并没有从本质上改变达西定律，很多复杂渗流问题，若想获得基本微分方程的解析解，也还是采用达西定律来表征渗流特点。总之，经过了一百多年的千锤百炼，还没有一个全新的定律能够完全取代达西定律，各种各样的研究只是从不同的角度解释达西定律，而并未真正改变它。最重要的原理往往是最朴素的，达西定律目前仍继续保持它强大的生命力。

三、思政点睛

达西这种追求真理、勇于探索、为科学献身的科研精神，值得每一位有志青年学习。他对科学严谨的态度，也是将来我们每一位同学在从事工作或者继续深造时所应具备的毕生追求。真理从来都是朴素的，追求真理的路上需要质朴无畏的探索者上下求索，方能窥探真理的全貌。

实施油气并举，大庆采气“亮剑”火山岩气藏

课程 渗流力学

教学知识点 天然气渗流

案例教学目标 习近平总书记提出要“建设知识型、技能型、创新型劳动者大军，弘扬劳模精神和工匠精神”，通过介绍庆深气田攻克火山岩气藏开发的世界级难题，弘扬自主创新、勇于争先的工匠精神。

案例编写人 支继强

一、问题引入

2002年以来，大庆油田大力实施“油气并举”战略，依靠自主创新的火山岩储层开发技术，在松辽盆地北部的徐深1井获得工业气流，发现地质储量300亿立方米级别特大气藏，标志着我国东部陆上最大气田——庆深气田的诞生。下面将通过讲述徐深1井的探索历程向同学们展示新时代自主创新、勇于争先的工匠精神。

二、案例介绍

2001年6月26日徐深1井开钻，2002年5月7日完钻，井深4548米，日产气量21万立方米，累积产气4.5亿立方米。徐深1井“一气冲天”，揭开火山岩储层的神秘面纱，标志着大庆油田松辽盆地北部深层天然气勘探获得重大突破性进展，从此拉开庆深气田全面开发的历史序幕。

庆深气田火山岩地层平均深度4000米左右，属深层火山岩，地质结构复杂，是典型的“三高”气田，即高地温、高含水和高含二氧化碳。迄今为止，这样气田的大规模开发在国内外还没有成功先例。大庆人经过不懈努力，始终将科技高效开发伴随着庆深气田的开发管理全过程，最终破解了制约火山岩气藏开发的世界级难题。2004年12月23日，大庆徐深1井点火投产。2005年5月18日，承载大庆油田“稳油增气”重任的大庆采气分公司正式成立，踏上了开发我国东部第五大气田——庆深气田的征程。2018年，大庆采气产量创下历史最高的19亿立方米，2019年将递增到21亿立方米。

在气藏开发过程中，大庆采气分公司不但要突破技术难关，还要跨过投资成本障碍。大庆采气分公司充分挖掘技术潜力，把目光锁定在地面建设上，着力实施标准化设计、批量化采购、模块化施工，降低一次性投入，并为减少后续运行维护费用奠定基础。

大庆采气分公司科学制定气井配产制度，优化产量结构，发挥深层主体作用，推进浅层整体开发，做到没有效益的产量一立方米不要，低效益产量合理控制，高效益产量加快增长。通过合理配产，采气分公司有效延长了气田开发周期，地层压力递减率控制在6%以内，远低于此类气田8%的国家标准。通过多因素综合配产方案全面落实，生产调峰能力和供气组织水平进一步提高，天然气日产量在2018年、2019年双双突破550万立方米。

长期以来，火山岩气藏的有效开发被称为世界级难题。徐深气田火山岩储层多以Ⅱ、Ⅲ类为主，其有效开发更加艰难。如同人的脾气不同一样，火山岩气藏也是有脾气的，其主要特点是高地温、高含水和高含二氧化碳，就像青春期的少年，脾气暴躁，沾火就着。因此，摸准其“脾气”，找准规律，精准发力，是细探火山岩气藏深层气的首要前提和保障。

面对困难不退缩，新时期、新征途“采气人”重装上阵，以深入开展徐深1区块地质再评价和再认识，通过对老三维地震资料的逆时偏移处理和精细解释，以及三级火山体的精细刻画，两次扩边共发现储量110亿立方米，并通过井位优选、快速钻进、分压合采、高效投产、地面优化，见到了显著效果。在此基础上，还通过加强动态分析，优化生产制度，深挖措施潜力，逐步形成了“日监控、月配产、季预警、年总结”的“四步管理”开发调整模式，将老井递减率控制在5%以内，进一步夯实了稳产基础。

三、思政点睛

新时代背景下，石油人要传承“大庆精神”，培育“工匠精神”。科技创新是新时期的“工匠精神”的灵魂，面对大庆油田进入油气开采的困境，应该以创新突破技术瓶颈，建立拥有油气开发的核心技术、自主产权、领先科技、加工能力等科技创新平台，在实事求是、追求卓越、精益求精的基础上，培养具有高素质技能的大国工匠，为中华民族的伟大复兴贡献力量。

弘扬新时代科技创新精神，开创大庆致密油开发新纪元

课程 渗流力学

教学知识点 渗流力学理论、双重孔隙介质渗流理论

案例教学目标 通过大庆油田致密油开发进展的介绍，弘扬新时代科技创新精神，增强学生作为油气钻采行业从业者保障国家能源安全的责任感和使命感，始终不忘“我为祖国献石油”的初心，努力成为党和国家石油事业最可信赖的骨干力量。

案例编写人 梁爽

一、问题引入

2019 年 6 月 13 日，大庆油田塔 21-4 致密油效益建产示范区成立整一年，产油 3.1 万吨，这标志着致密油是大庆油田未来开发的主要战场，并已进入全面开发阶段，将成为大庆油田开发的新纪元。然而致密油田的开发取得了哪些进展，又面临着哪些问题，还需要同学们细细探究。

二、案例介绍

作为一种非常规油气资源，大庆的致密油藏主要位于长垣两侧凹陷之中，岩性低且厚度薄，渗透率低于 1 毫达西，相当于头发丝的 1/30，就是这样“先天不足”“营养不良”的资源，覆盖了整个大庆油田外围（扶余油层和高台子油层），总资源量超过 10 亿吨。2012 年大庆油田便投入致密油勘探开发，受地质条件、技术困难等因素影响，进展比较缓慢。近几年，随着对地下认识的不断深入，大庆油田在致密油领域的勘探开发不断取得进展和突破，工程技术、地震技术、开发技术等有了跨越式进展。

致密油储层特点是“薄、窄、散、细”，单砂体有效厚度只有 1~3 米，河道砂体横向变化快、错叠连片，油层七零八碎。大庆石油科技工作者依靠创新驱动，探索了致密油“甜点”识别技术、深层致密砂砾岩储层预测技术等，促使勘探开发工作顺利进行，助力致密油上产。通过不断将地质工作做细，由最初扶余油层勘探的大约分出 5 个层，每层 30~40 米，到细分成现在的 12 层，每层 8~10 米，实现了认识更深入、布井更准确的奋斗目标。从前期部署、方案设计，到施工过程中的原材料选用等环节，都做到精益求精、准确把握。特别是发明了水平井轨迹设计技术、致密油的有效开发优化设计技术、大规模缝网压裂技术等，都成为披荆斩棘的利器，让大庆油田近几年三级储量提交每年都超过预期，均超额完成

任务，更为致密油勘探开发赢得了关键性底气。

大庆油田致密油开发现场

大庆油田致密油开发的号角已经吹响。2018 年大庆油田开辟出龙西塔 21-4 致密油效益建产示范区，设立的百万吨产能建设投资不超过 60 亿元，钻井、射孔和压裂投资降低 40%，采油设备和地面建设投资降低 20%，原油操作成本下降 60%。榆树林油田树 79-29 致密油区块与常规模式相比，单井投资降低 66 万元；采油十厂 2019 年计划致密油年产油 2.12 万吨，占全年新井产量的 53%；采油九厂建立完善致密油的有效开发管理模式，力求使龙西地区致密油的产量实现新突破。

大庆油田树立“效益第一”理念，坚持勘探开发、地质工程、地面地下三个一体化和低成本运行模式，配套发展致密油勘探开发技术，为致密油的规模效益开发提供了技术支撑。目前形成的主体开发技术包括：储层精细刻画技术、地质工程一体化优化设计技术、水平井随钻调整技术、压裂优化技术、能量补充技术等，这些技术成为打开致密油勘探开发大门的金钥匙。但技术创新方面还面临一些难题，例如致密油增产改造技术尚不稳定，需要细致分析、系统试验，进一步深化地质工程一体化技术研究；致密油的长水平段水平井工程质量面临技术难题，制约了后期压裂改造工艺的实施效果；等等。

三、思政点睛

作为未来的石油工作者，肩负着解决当今石油石化工业科技发展的瓶颈问题和重大关键问题的历史重任，我们要以铁人王进喜为代表的大庆油田人为榜样，靠着“宁可少活二十年，拼命也要拿下大油田”的无畏精神，走上新时代的科技创新之路，高举习近平新时代中国特色社会主义伟大旗帜，奋力开创新时代石油科技创新工作新局面，切实履行保障国家能源安全的责任和使命。

重视探究与实践，培养严谨务实科学态度

课程 渗流力学

教学知识点 不稳定试井分析方法

案例教学目标 通过介绍墨西哥湾“深水地平线”事故漏油量的计算，让同学们认识到该事故所造成的严重后果，进行深刻的思考与反思，从而培养大家形成严谨务实的科学态度，激发学习探究与实践的科学精神。

案例编写人 王胡振

一、问题引入

试井分析方法在墨西哥湾“深水地平线”事故漏油量确定中起到了重要作用。2010 年 4 月 20 日，英国石油公司租赁的位于美国墨西哥湾的一座潜式钻井平台爆炸起火。36 小时后，平台沉没，11 名工作人员遇难。这场事故堪称美国历史上最严重的人为环境灾难之一，究竟这场事故是如何发生和处理的呢？处理结果的背后又隐藏着什么鲜为人知的故事呢？

消防队员扑灭大火

清理海上浮油

二、案例介绍

2010 年 4 月 20 日晚 10 点左右深水地平线钻井平台起火爆炸，造成 7 人重伤、至少 11 人失踪。4 月 24 日，深水地平线钻井平台爆炸沉没约两天，海下受损油井开始漏油。这口油井位于海面下 1525 米处。海下探测器探查显示，钻井隔水导管和钻探管开始漏油，估计

漏油量为每天 1000 桶左右。4 月 28 日，美国国家海洋和大气管理局估计，在墨西哥湾沉没的海上钻井平台深水地平线底部油井每天漏油大约 5000 桶，5 倍于先前估计数量。5 月 27 日专家调查显示，油井漏油量从每天 5000 桶，上升到 2.5 万至 3 万桶，演变成美国历年来最严重的油污大灾难。6 月 15 日公布的最新估计，每天的漏油量在 3.5 万至 6 万桶之间。

直到 2010 年 7 月 15 日，监控墨西哥湾海底漏油油井的摄像头拍摄的视频截图显示，漏油油井装上新的控油装置后再无原油漏出的迹象。在墨西哥湾漏油事件发生近 3 个月后，英国石油公司 15 日宣布，新的控油装置已成功罩住水下漏油点，“再无原油流入墨西哥湾”。

针对本次漏油事件的罚款金额，最大的问题是漏油量的确定。2015 年法院在第二阶段审判中确定了英国石油公司在墨西哥湾漏油事故中的漏油量。美国政府提出的数据是 500 万桶，减去 81 万桶的收集量，应当计算民事罚款的漏油量数额为 419 万桶；而英国石油公司提出的数据是 326 万桶，减去 81 万桶的收集量，应当计算民事罚款的漏油量数额为 245 万桶。英国石油公司漏油量数据是石油开发领域专家基于漏油速度由慢逐渐加快，对监测的压力和漏油量数据应用试井分析方法计算得出认为可信的漏油量，体现了探究漏油量的科学精神。法院认为，要精确地计算出究竟有多少石油泄漏到墨西哥湾中是不可能的，因为并没有一个计量仪器。最后对比了双方专家的不同算法之后，提出了一个折中的漏油量数据——400 万桶。法院认定英国石油公司在墨西哥湾漏油事故中的漏油量为：400 万桶-81 万桶=319 万桶。

2015 年 10 月 5 日法院最终裁定与美国政府及墨西哥湾沿岸五个州就 2010 年漏油事故达成的和解协议罚款总额增至 208 亿美元，此次事件创下美国历史上因污染环境罚款的最高纪录。208 亿美元仅仅是罚款的金额，截止到 2017 年 5 月，英国石油公司与该灾难相关的账单达到了 626 亿美元。

三、思政点睛

2010 年墨西哥湾深水地平线钻井平台发生的爆炸事故震惊了整个世界，导致大量石油泄漏，酿成一场经济和环境惨剧，是美国历史上“最严重的一次”漏油事故。这次漏油事故，启示石油工作者在工作中必须重视安全和环保问题，并在油气田开发和事故处理中保持探究与实践的科学精神。

开拓研究领域，突破技术垄断

——记人师风范翟云芳教授

课程 渗流力学

教学知识点 现代试井分析方法

案例教学目标 通过介绍人师风范翟云芳教授在现代试井分析方法领域的开创性研究经历，彰显老一辈石油教育工作者在基础条件薄弱和国外技术垄断的情况下，瞄准国际研究前沿，敢想敢干的拼搏精神。

案例编写人 刘振宇

一、问题引入

“渗流力学”理论中的一个重要内容是关于现代试井分析理论和方法。该理论和方法在油田开发中具有重要作用。现代试井分析理论产生于20世纪80年代初期的美国，由于其研究问题的方法和思路独特，数学难度大，因此在相当长时间里其他研究者难以进入该领域。翟云芳教授在当时我校研究环境和基础条件均较薄弱的情况下，敢于挑战世界性难题，组织研究团队攻破技术难关，实现了在该领域的突破，打破了国外在此研究领域的技术垄断。

二、案例介绍

在20世纪80年代初期，美国著名学者Ramey提出了现代试井分析理论和方法，大大改进了传统试井分析方法的应用。之后Gringarden又提出了新的理论方法，并在世界上研究制出了第一个现代试井分析软件。我国当时在该领域的研究还是一块空白，只能花大量的外汇购买该软件。当时石油工业部准备组织国内科研人员开展技术攻关，此时翟云芳教授抓住难得的机遇，克服种种困难实现了该项研究在国内的技术突破，为中国试井技术研究领域的突破做出了重要贡献。

翟云芳教授于1960年毕业于北京石油学院。毕业后怀着“我为祖国献石油”的理想来到大庆油田，投入到了石油大会战中。于1961年转入刚刚成立的东北石油学院，成为我校第一批教师。在“文化大革命”期间，科研工作被搁置，翟云芳教授就全身心投入本科教学中，组织编写了《渗流力学》教材，经数次整理出版，被评为“十五”“十一五”“十二五”国家级规划教材。改革开放后的80年代，翟云芳教授在渗流力学领域开展科学研究。在80年代中期，现代试井技术在国外刚刚兴起。为了满足油田开发对试井技术的需要，翟云芳教授和其他院校人员在石油工业部牵头组织下开始了在现代试井技术的科研攻关。克服了种种实际条件的限制，终于实现了在试井分析理论和计算机编程方面的突破，研制成功了我国第一个现代试井分析软件系统，并获得了国家科技进步三等奖，奠定了我校该研究在国内的领先地位。

翟云芳教授

翟云芳的科研团队能打硬仗是出了名的。1986 年她在美国做访问学者回国后，得知石油工业部为打破外国垄断正在开展现代试井分析软件的研制攻关，便主动请缨，申请承担了项目中最难啃的硬骨头部分。为了不耽误教学和行政工作，翟云芳就利用晚上和节假日加班加点做科研。可就在项目攻关冲刺的关键时刻，她的儿子不幸患上再生障碍性贫血。她心急如焚，一边是住院需要陪护的儿子，一边是她挑大梁攻关的科研项目，哪一样她都放不下。一分耕耘一分收获，最终她的研究成果填补了我国石油行业现代试井理论和软件的空白，她本人成为石油行业著名的试井理论专家，并担任了十多个学术兼职。

质朴无华中尽显人师风范——记东北石油大学"黄大年式的先进典型"翟云芳教授

退休后的她，依然没有停下忙碌的脚步。她被聘为学校教学督导专家，还经常为师生讲学校优良传统、为青年教师讲师德师风、带头参与和大学生结对子活动。如今，已经八十多岁高龄的她，依然精神矍铄，始终心系学校建设发展，心系教书育人事业。

三、思政点睛

目前我国的石油开发面临诸多技术难题。新发现的油气储量中难开发储量的比例越来越大，需要攻关的难题越来越多。如何克服油气开发中的技术难题是我们石油人面临的重要课题。翟云芳教授，作为一个优秀的石油专家，严谨的学术作风和可贵的创新能力早已饮誉学界，忠诚事业、师德高尚、无私奉献、甘为人梯的精神足以垂范后学，她敢于挑战世界级难题、勇于攻坚克难的精神是我们石油人学习的榜样。

面对油田开发难题，攻克地层压力推算松I法

——记中国工程院王德民院士

课程 渗流力学

教学知识点 松 I 法的提出

案例教学目标 通过介绍王德民院士的早期事迹及松 I 法理论的提出，展现了石油科研工作者将油田生产中的技术难题作为技术攻关目标的石油人精神，即作为石油人，要勇于面对生产中的技术难题，保持锲而不舍的决心和信心，努力攻关，迎难而上。

案例编写人 刘振宇

一、问题引入

在大庆油田开发初期，利用不稳定试井方法，通过长时间关井才可以推算得到目前地层压力。如何通过较短关井的压力测试资料得到较准确的地层压力是当时大庆油田开发初期的一个重大难题。油田开发中的难题就是石油人的攻关目标，王德民通过研究解决了地层压力的计算问题，让我们跟随王德民的步伐了解这段刻苦钻研的历程。

二、案例介绍

1959 年国庆节的前夕，发现了大庆油田。大庆油田的发现为新成立的共和国注入了活力。1960 年，石油大会战开始，大庆油田正式投入开发。如何高效快速地开发好大庆油田，面临诸多重大难题。其中，如何准确快速地确定地层压力就是摆在油田开发者面前的重大难题之一。当时采用传统的不稳定试井分析方法需要长时间关闭油井，根据压力测试资料进行理论推算。长时间的关井不仅严重影响石油产量而且推算结果不尽如人意。刚刚大学毕业不久的王德民面对此难题知难而上，通过刻苦攻关在理论上解决了此难题，为大庆油田初期的高效开发做出了重大贡献。

王德民于 1960 年毕业于北京石油学院，毕业后主动来到大庆油田投身石油大会战中。他胸怀报国志向，主动献身祖国石油事业，应用所学的理论知识分析大庆油田的开发状况，他的目光瞄上了地层压力计算方法这个油田急需解决的难题。攻关目标一旦确定，他便全身心地投入到研究中。他首先分析现有方法的理论原理，再钻研渗流力学理论，并花费大量时间到生产现场进行实地测试。经过不懈努力，终于在 1961 年完成了计算地层压力的理论方法，即松 I 法。该方法不仅缩短了油井的关井测试时间，减少了石油产量的损失，而且推算地层压力的准确度较以前方法得到大幅度提高。该方法在大庆油田投入工业化应用，直到现

在松 I 法仍然是确定油层压力的方法之一。

松 I 法的提出

一次的成功，没有让王德民就此止步，针对油水井不同的生产状态，他又接连推导出多种提高测压效率新算法。随着油田开发的推进，王德民院士坚持发扬大庆精神铁人精神，始终瞄准世界石油科技的制高点，扎根大庆油田技术攻关的最前沿，不断带领大庆油田的科研人员攻克技术难关，取得了“限流法压裂工艺”“聚合物驱油技术”“同井注采”等一系列国内领先、国际一流的重大科技成果。王德民于 1996 年成为中国工程院首批院士。由于他对石油工业的卓越贡献，国际上把 2017 年 9 月 11 日发现的编号为 210231 号的小行星命名为“王德民星”（该星与太阳的平均距离为 3. 66 亿公里）。

一颗小行星以中国石油专家王德民命名

多年来，王德民扎根北国荒原大庆，“大庆油田在哪里，我家就在哪里”！一心扑在大庆生产第一线，苦心钻研采油工程技术，并以此为乐，以此为荣。60 载峥嵘岁月，从一个热血青年到耄耋老人，王德民院士把自己的生命全部融入了大庆油田。受责任感驱使，如今已 83 岁高龄的王德民院士不敢像其他人那样享受本该悠闲的晚年生活，始终牵挂着大庆油田的发展，积极参与着油田的科技攻关工作。

三、思政点睛

在当前形势下，我国的能源供给面临巨大的挑战。新发现的油气储量中难开发储量的比例超过 80%。如何保证我国的能源安全，石油人面临前所未有的技术难题，需要我们攻坚克难。我们只有不畏艰险，解决生产中的一个又一个技术难题，才能实现油田开发技术的重大突破。王德民院士不畏难题、勇于攻坚的钻研精神值得我们学习。

科学面前人人平等，钻研问题锲而不舍

——记“中国航天之父”钱学森院士

课程 工程流体力学

教学知识点 可压缩边界层理论

案例教学目标 通过介绍著名科学家钱学森先生的事迹，弘扬在发展科学事业上“讲求科学民主，人人平等讨论”的民主治学之风，鼓励学生在钻研科学问题时敢于与师长交流，发表自己的学术观点，从而更好地进行学术研究。

案例编写人 王淑彦

一、问题引入

钱学森在撰写博士论文第一章“可压缩流体的边界层问题”时，与老师冯·卡门教授提出的建议相左，他通过阅读相关文献、刻苦钻研，修正了前人很多不足的地方，最终完成了相关问题的研究。

二、案例介绍

钱学森，1911 年 12 月生，中国科学院院士、中国工程院院士。他最先为中国火箭导弹技术的发展提出极为重要的实施方案，此后长期担任我国火箭导弹和航天器研制的技术领导职务，是中国航天科技事业的先驱和杰出代表，被誉为“中国航天之父”和“火箭之王”。获国家科技进步特等奖、中国科学院自然科学奖一等奖、小罗克韦尔奖章和世界级科学与工程名人称号；被国务院、中央军委授予“国家杰出贡献科学家”荣誉称号，获中共中央、国务院、中央军委颁发的“两弹一星”功勋奖章；当选“10 位新中国成立以来感动中国人物”。

1934 年，钱学森毕业于上海交通大学，1935 年 8 月赴美国麻省理工学院留学，只用一年时间就拿下了航空硕士学位。此时的钱学森已经不满足于做一名有丰富实践经验的工程师，还希望成为一名有雄厚理论基础的科学家，直接站在科学的最前沿。于是，他开始转向航空工程理论的研究，决定追随当时在加州理工学院的世界著名力学大师冯·卡门教授。1936 年 10 月，钱学森来到加州理工学院攻读航空和数学博士学位。1939 年 6 月，钱学森顺利地通过了博士论文答辩。其博士学位论文第一部分的内容“可压缩流体的边界层问题”涉及高速飞行体所受到的阻力和表面热效应。那时，人们普遍认为超声速飞行的空气阻力主要来自击波阻力，而表面摩擦阻力并不重要。至于热效应，一般认为飞行体的表面被周围空气所冷却，问题的主要困难在于飞行体周围的空气密度发生显著变化，方程不再是线性的。钱学森采用了 von Mises 简化方程的做法，然后运用逐次迭代的解法，取得了成功，得到了有关阻力和热效应的全新的重要结论：第一，高速飞行中，可压缩性对表面摩擦具有重要影响，摩擦阻力大于激波阻力；第二，当飞行马赫数增大到一定数值，飞行体表面空气薄层中所产生的热不仅不能忽略，还将对飞行体起到加热作用。这一结论十分重要，从理论上预见了实现高速飞行将面临的一大障碍，即后人所称的“热障”，也就是说，必须对飞行体表面采取有效的冷却或防热措施，才能实现高速飞行。这篇论文改变了人们的原有认知，为人类实现超音速飞行做出了理论贡献。此后，钱学森在航空工程理论领域取得了一系列的研究成果，成为世界著名的空气动力学家。

钱学森的博士论文选题是高速气动力问题，这在当时是个很难的课题。他从空气动力学开始，与导师冯·卡门合作研究可压缩流体的边界层问题。冯·卡门推荐他用 von Mises 变换，然后根据不可压缩的解进行迭代，但是钱学森并没有按照老师的建议做迭代运算了事，而是一开始就收集和阅读了大量参考文献，写了 450 页的笔记，在修正了前人很多不足的地方后，写出了博士论文的第一章，并在论文第二章提出了著名的卡门—钱公式。这是那个时代设计飞机时，计算作用在机翼上的各种力（如升力、阻力等）的唯一符合实际的正确公式。

在冯·卡门主持的一次学术讨论会上，钱学森刚宣读完自己的论文，就有一位长者站起来提出不同意见，两人便争论起来。事后冯·卡门问钱学森：“你知道你是在和大权威冯·米塞斯（von Mises）争论吗？但你的意见是对的，我支持你。”在另一场学术讨论会上，钱学森和导师冯·卡门也发生了争论。他坚持自己的观点，毫不退让，令冯·卡门十分生气，但钱学森内心并未屈服。后来，冯·卡门意识到钱学森的观点是对的，于是他对钱学森说“钱，昨天的争论你是对的，我错了。”冯·卡门的博大胸怀让钱学森十分感动，终生不忘。

回国后，钱学森要求中科院力学所各办公室都悬挂黑板，让大家随时在黑板上写出自己的想法，倡导民主平等的学术讨论。

三、思政点睛

钱学森先生在进行科学研究时能够摒弃世俗观念，讲求科学民主，在发展科学事业时，秉持不论地位资历、大家平等讨论的态度。这种“未出土时先有节，待到凌云更虚心”的执着精神是他一生的光辉写照，我们要学习钱学森先生这种勇于提出学术观点的科学态度和锲而不舍的钻研精神，践行知识分子的使命和担当。

坚持理论与实践相结合，创造世界清洁能源之最

课程 工程流体力学

教学知识点 伯努利方程

案例教学目标 通过介绍三峡水电站水力发电的原理，结合流体力学专业知识，培养学生理论素养，激发学习兴趣。

案例编写人 孙启冀

一、问题引入

水力发电在欧美发达国家发电总量已经占据40%，作为清洁能源，水力发电系统的设计其实是基于流体力学的伯努利方程，通过上游的蓄水增加流体的势能，泄放后的水流通过叶轮带动发电机，将势能转变为动能，动能驱动转子再进行发电。我国的三峡大坝是目前世界上最大的水力发电装置。

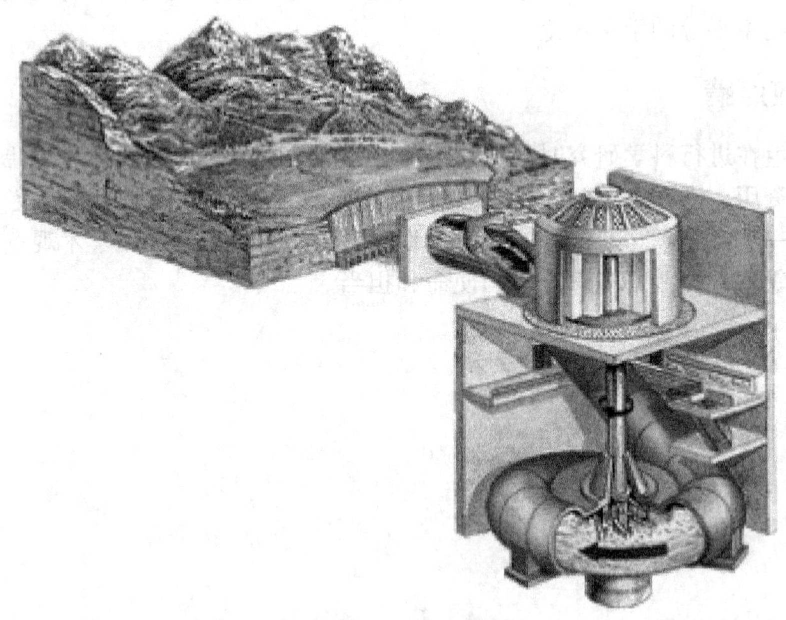

水力发电结构原理图

典型的水电站由三部分组成：蓄水的水库、控制水流的大坝和产生电力的发电机。水电

站具有发电成本低、高效灵活的优点，同时还可以与防洪、灌溉、航运、养殖、旅游等多个方面组成水资源综合利用体系。水能在转换为电能的过程中不发生化学变化，不排出有害物质，对空气和水体本身不产生污染，因此是一种取之不尽、用之不竭的清洁能源。

二、案例介绍

三峡水电站位于我国重庆市市区到湖北省宜昌市之间的长江干流上。大坝位于宜昌市上游不远处的三斗坪，俯瞰三峡水电站并和下游的葛洲坝水电站构成梯级电站。它是世界上规模最大的水电站，也是中国有史以来建设最大型的工程项目，被美国探索频道评价为世界工厂奇迹。现在三峡水电站年发电量可达 1000 亿度，仅一天的发电量就可以满足 1.4 亿人的用电需求。

三峡大坝长 2309 米，混凝土浇筑总量 1610 万立方米，是世界上最大的钢筋混凝土大坝，可通过调节水量来防旱防涝。当受强降雨影响时，长江中下游水位可能暴涨，很多河段将全线超警戒线。为缓解下游压力，三峡可多次削减出库水量，拦截大约七成上游来水，大大减轻长江干流和连江支流防汛压力。三峡大坝能经受高强度洪水，主要因为它采用了最安全的重力坝构型，由 400 万吨混凝土组成，小当量核弹都无法对其造成影响，就算出现了破损也可直接修补，不会全线坍塌。

三峡水电站

三峡蓄水后 600 多公里的长江江段，变成 1000 平方公里的湖泊，水位超过 170 米，万吨级船队可直达重庆，古川江不夜航的历史也宣告结束。现在长江上游每年单向运输量，已经提升到 5000 万吨。很多原来十天才能运到的货物，如今两三天就可以抵达。三峡水电站还是目前世界上最大的清洁能源基地，不仅能保护自然环境，还能节约大量能源。

三、思政点睛

工程奇迹的背后一定有许多认真负责的团队，许多坚忍不拔、团结奋斗的科研人员，许多昼夜奋战、兢兢业业的建设者。同学们应为我国有这样的工程奇迹而深感自豪。学习同样也是一项持久而浩大的工程，需要同学们认真、坚持和努力。

“追求第一等的题目”，获得最有意义的突破

——记湍流理论奠基人林家翘教授

课程 工程流体力学

教学知识点 紊流的理论分析

案例教学目标 通过介绍林家翘不畏惧困难、坚持不懈，成功解决了流体力学平行流的不稳定性问题，引导大家树立拼搏精神、不畏惧困难、刻苦钻研的精神。

案例编写人 孙启冀

一、问题引入

1941 年林家翘跟随冯·卡门教授攻读博士学位，冯·卡门教授为他指定了一个很艰深的博士论文题目，是物理学巨擘海森堡一篇关于湍流的论文留下的“尾巴”，林家翘接受了这个挑战。三年后的 1944 年，林家翘博士毕业时，已经完成了 3 篇论文，彻底解决了海森堡遗留的问题，结束了争议。海森堡兴奋异常，他说：“不是有人批评我的论文吗？现在一个中国人帮我解决了！”

二、案例介绍

1933 年，林家翘以第一名的成绩考入清华大学，并在大二时选择了物理系。1940 年，经物理系教授周培源引荐，林家翘来到加拿大多伦多大学，师从著名应用数学家辛吉（J. L. Synge），学习数学物理。1941 年，林家翘拿到硕士学位后，来到美国加州理工学院攻读博士学位。他的导师是冯·卡门，为他指定的博士论文题目是关于物理学巨擘海森堡一篇关于湍流的论文，即是对湍流运动中的 Orr-Sommerfeld 方程的求解。由于海森堡没有解决平行流的不稳定性问题，导致这篇论文一直存在争议，但是在实验中这种不稳定性是可以被确认证实的。湍流就是乱流，是流体（水、空气等）的一种流动状态。在经典物理中，给定一个物体的运动参数，便可以清楚地知道它将在何时出现在何地。科学家们一直试图在湍流的混乱和互相扰动中建立精确的数学模型，使湍流的世界犹如高速路上汽车的运动一样清晰明了、简洁有序。但是直到今天，湍流仍然是经典物理学“最后的疑团”。对当时只有二十五岁的林家翘来说，这是巨大的挑战。要想比巨人看得更远，唯一的选择就是超越巨人。林家翘接受了这个挑战，用了三年时间彻底解决了海森堡遗留的问题。当海森堡得知此问题被解决后兴奋异常地说：“不是有人批评我的论文吗？现在一个中国人帮我解决了！”大师自己无法解决的问题，一个小伙子却解决了！林家翘自此响彻学界，他不再是一个无名小卒，

而是科学界无人不知的 C. C. Lin（林家翘的英文名字是 Chia-Chiao Lin）。

然而，对林家翘来说，这次研究最大的收获，不是获得了赫赫声名，而是深刻感受到了他在清华读书时就接受的熏陶——“永远追求第一等的题目”。“做科学研究，就一定要在最前沿的领域找题目，只有这样，才能获得最有意义的突破。”林家翘说。林家翘确实不喜欢“稳定”，总是追求科学的“时髦”。从 20 世纪 60 年代起，他进入天体物理的研究领域，创立了星系螺旋结构的密度波理论，克服了困扰天文界数十年的“缠卷疑难”，进而发展了星系旋臂长期维持的动力学理论。在应用数学方面，他发展了解析特征线法和 WKBJ 方法，成为当代应用数学学派的领路人。在人生的最后岁月里，他还在忙着撰写修改关于蛋白质结构和细胞凋亡问题的研究论文。

三、思政点睛

林家翘教授的专业是应用数学，但是在流体力学、天文学甚至在理论生物学都有所建树。目前我们在大学所学的各种基础理论正是所有科学研究所需具备的基础手段，特别是各类专业课程，所解决工程问题的本质都是高等数学的思想。所以在学习专业课程的同时，以往的各门基础理论知识也要经常温习并牢牢掌握。我们要学习、传承林家翘教授自强不息，不畏惧困难，坚持基础科学研究的拼搏精神和钻研精神。

克服重重困难，校准实验仪器

——记流体力学知名学者陈家琅教授

课程 工程流体力学

教学知识点 层流紊流流态判别标准

案例教学目标 通过介绍陈家琅教授在东北石油大学建校初期，艰苦的教学条件下克服困难调校雷诺实验仪器的案例，引导同学们树立对待学习及工作认真负责的态度、诚信踏实的作风和精益求精的精神。

案例编写人 孙启冀

一、问题引入

优质、可靠的实验设备是保证教学质量的前提条件，是培养学生动手、理论实践结合和创新的重要途径。为了保证教学质量、提高教学水平，陈家琅教授作为首席专家筹划了我校教学实验室的建设。陈家琅教授亲自对实验设备进行调试、维护保养、改进，不断提高实验设备的精准度，规范了实验设备操作流程及维护保养步骤，建立了合理的实验室设备管理体系，实验教学质量得以不断提高，1991 年荣获石油天然气总公司有突出贡献教育专家称号。

二、案例介绍

陈家琅教授 1951 年毕业于北京大学化学工程系，就职于东北石油学院流体力学教研室。90 年代流体力学实验室建设初期，从设备安装到设备调试，陈家琅教授一直亲力亲为。受制于当时实验设备的制造工艺，每台教学用雷诺实验仪器的实际情况都相当复杂，要做到 20 台实验仪器的可靠、准确需要很长的调试周期。

陈家琅教授亲自为每台设备的观测管进行内壁抛光，降低壁面粗糙度，便于实验观察和记录。实验用的染色剂在多次实验后会造成透明亚克力实验设备的变色，致使管壁发黄无法有效观测染色剂在流体中扰动扩散。于是陈家琅教授尝试了将很多种油性试剂涂抹至观测管内部，用来防止染色剂附着在圆管内壁，最后选择了蜡脂和凡士林 1∶2 的掺混比例涂抹观测管内壁。

雷诺实验的实验用水在当时客观条件下也会造成设备结垢严重，陈家琅教授在每次实验前都需要用 1 天时间准备矿化度很低的实验用水，用以保护设备。在实验结束后还亲自排空每个设备的水箱，并对存水处进行细致清洁，提高了实验设备的精度和可靠性。

由于每台实验设备的测量精度不同，陈家琅教授专门利用两周的时间，亲自在每台实验仪器上重复雷诺实验，并将每台实验设备的最佳观测区域用标识贴标出，方便学生观测。

三、思政点睛

忽略细节才是导致学习及工作频繁失败的原因，学习就是一个个小的知识点不断积累的过程。注重学习、工作和生活中每一个细节，成功就会离你越来越近。知识的体系是环环相扣的，一旦忽略了哪个环节，知识体系也就会失去它的坚固性。因此，具有陈家琅教授那样认真负责的态度、诚信踏实的作风、精益求精的精神，是学习和工作成功的基础。

不畏艰辛“万点调查”，爬冰卧雪“测量K值”

课程 工程流体力学

教学知识点 复杂管网工艺计算

案例教学目标 通过介绍谭学陵工程师名垂大庆会战史册的“万点调查”事迹，弘扬不畏艰辛、吃苦耐劳的中华民族传统美德，提升学生自力更生和攻坚克难的科学态度。

案例编写人 孙巍　成庆林

一、问题引入

为了实现大庆油田油气集输管道的设计运行，需要得到不同口径管道在不同自然条件下、不同敷设方式下的总传热系数。如果是从书本资料上选取这一数值，数值太小则可能威胁管道安全运行，数值太大则会导致投资建设费用不必要的浪费，如何科学确定传热系数成为油田建设初期集输管道设计面临的一大难题。

二、案例介绍

面对大庆油田独特的地理环境、原油性质，在集输流程设计试验中碰到的问题接踵而来，如原油加热加温到多高合适，集油管口径多大为好，管线埋多深为宜等等，都涉及一个关键性参数——K值。所谓K值，就是不同口径的管道在不同自然条件下、不同敷设方式下的总传热系数。这个K值在苏联教科书上可以查到，但K值的选取，对管线用料、投资成本至关重要，如何做到既为国家省钱又能满足大庆油田的生产需要呢？K值的准确确定意义重大。为此，时任石油工业部部长的余秋里将军在石油工业部召开的党组会议上特别强调：“管线保温是个大问题。大庆油田在寒冷季节里，气温下降到零下30多度，怎样保证输油管线畅通无阻，我们就要专门研究，确定这条管线在各种气温条件下该怎么办？输油温度应该多高？管线埋在地下温度变化情况如何？管线埋得多深等等。这些数据我们可以从国外的一些书籍和文献中得到，但是我们不能完全依赖别人的资料和数据，而要从实际出发，在实践中去探索和追求。”

1960年冬季，大庆油田设计院的谭学陵工程师等5名技术人员，冒着零下三四十度的严寒，在冰天雪地里展开了一场场近似“挖地雷”的艰苦卓绝战斗。他们必须在每隔50~100米间，挖一个土坑，每个坑里蹲一个人，每个坑里蹲着的人每隔一段时间测一次温度，不管刮风下雪，必须不间断地进行测试，雪地中经常一蹲就是十几个小时。饿了，从怀里取出石头一样硬的窝窝头咬上一口，再抓一把雪塞进嘴里润一润嗓子……10 个月，6000 多公里，测点 1600 多个，取得数据 25 万个。测试小组靠着学习将军部长的“红军两万五千里长征精神”，终于精算出萨尔图地区的 K 值，向完善集输流程设计和加快推广迈出了坚实的一步。

谭学陵不仅工作兢兢业业、学习孜孜不倦，而且廉洁奉公、乐于助人。1965 年下半年，他在罗马尼亚考察的一个月里，为国家节省外汇 2000 多元，全部上交国家。一次，他听说单位一个同志生活上有困难，便拿出 70 多元相送，这样的事迹不胜枚举。

1982 年 10 月以后，他的胃病频繁发作，经常捂着肚子上班，同志们劝他休息，他却不肯。1983 年 7 月，当得知自己患了胃癌，他决心要为党工作直至生命的最后一刻。手术后的第六天，他写了一首题为《言志》的诗：“甘为工农有所为，鞠躬尽瘁生所追，奋与病魔争日月，留得一吸尽残辉。”从此，他开始在病床上整理专著《油气管线输送与计量的基本理论》，全书共 23 万字，与此同时他还编写了《井口储能单管集输工艺》和《物量辩证法》两书的提纲。在生命垂危的时候他嘱咐妻子，死后丧事从简，把骨灰撒在大庆的土地上，在今后的生活中，也要勤俭节约，不要给组织添麻烦。

三、思政点睛

今时今日，也许很多人已无法理解当年油田创业者的许多事迹，科学技术的发展让当代人更无法认识先辈们是怎样以又土又笨的办法给今天的现代化生活编织锦绣。谭学陵工程师的事迹告诉我们什么是“为祖国争光，为民族争气，奋发图强，自力更生，攻坚克难，精益求精”的爱国主义精神。我们要学习谭学陵工程师这种忘我拼搏、艰苦奋斗和科学求实的精神，始终牢记当代大学生的责任与使命。

突破创新“萨尔图流程”，大长中国人志气

课程 工程流体力学

教学知识点 复杂管网工艺计算

案例教学目标 通过介绍冯家潮工程师设计“萨尔图集输流程”的相关事迹，弘扬热爱事业、拼搏奉献的中华民族优良传统，培养学生锲而不舍和为事业甘于奉献的忘我精神。

案例编写人 孙巍　成庆林

一、问题引入

大庆原油具有高凝、高黏、高含蜡的“三高”特点，因而需要采用加热的方式进行集输。在油田建设初期，较为成熟的原油地面集输流程是苏联的“巴洛宁流程”，即采用蒸汽管线伴随油管保温，双管并行，原油加热用蒸汽锅炉，计量采用齿轮流量计。但这种流程需要安装大量的锅炉，消耗大量的燃料，敷设大量的集输管道以及大功率的电力保障，这对当时各项技术手段均处于起步阶段的大庆油田而言难以实现。因此，符合油田生产实际的集输流程——“萨尔图流程”应运而生。

二、案例介绍

1959 年 9 月 26 日，大庆第一口油井喷油，大庆油田开发就此拉开序幕。大庆油田的特点是面积大、油层厚、储量丰富、生产能力强，被称为世界上罕见的特大型陆相沉积砂岩油田。同时，它也是个天然驱动能量不足、原油中溶解的天然气饱和压力高的“三高”油田，这就注定了油田生产开发必然要面临许许多多难以想象的困难，而这也正是石油科技工作者所要攀越、抢渡的高山、险关。

面对“三高”原油难以顺畅实现管道集输，大名鼎鼎的苏联油气储运专家奥列涅夫摇头叹气，建议只能采用“巴洛宁流程”，即“集油管线用蒸汽管伴随保温油管，双管并行，原油加热用蒸汽锅炉，原油计量可用齿轮流量计或翻斗分离器”。“洋拐棍拄不上了”，时任石油工业部副部长康世恩指示设计组，“我们自力更生，充分发动群众，大搞调查研究，走独创的路，就现有的材料、设备，一定要把采出来的油收集并输送出去，长中国人的志气。”

在攻克集输流程过程中，一个年轻的技术人员进入了部长的视野。他叫冯家潮，单薄瘦

小，马来西亚归国华侨，工作中被人称为“拼命三郎”，虽然他才二十多岁，却是从玉门来的“老石油”了，业务上相当有一套。在技术座谈会上，他提出一个“挂灯笼”的集油流程方案，引起康世恩部长的格外关注。所谓“挂灯笼”，就是沿井排铺设一条集油管线，再把油井一口一口地串联起来，各油井出来的油在井场加热计量之后，通过这条管线输到转油站。创新的思路也带来了巨大的压力，设计过程中受命担纲攻关的冯家潮身体很快累垮了。全身浮肿，胃溃疡反复发作，多次吐血。一天，他正在拉计算尺计算，突然眼前一黑扑倒在地上，不省人事。大家把他送到医务室，大夫做了检查后说他是太疲劳了，至少要卧床休息两周。可是设计组的时间是以分秒计算的，别说两周，就是两天两个小时都不行。清醒后的冯家潮挣扎着又回到工作岗位上，他坚定地说：“死！我也要趴在绘图板上。”正是凭着这拼死一搏的精神和努力，冯家潮和他的同事们在最短的时间里创造出了被康世恩部长评价为大长中国人志气的“萨尔图流程”。

萨尔图流程的特点是：管线按井排串联，合理利用井口剩余压力，单管密闭，抽气混输，单井就地计量；利用伴生天然气作为燃料，对井口和管线加热保温，圆满解决了大庆开发初期“三高”原油的地面集输问题，与过去玉门油田和克拉玛依油田采用的巴洛宁流程相比，节约钢材约33%，节约投资约13.5%。萨尔图流程在萨尔图和杏树岗2个油田110个井排2339口油井上推广使用。1976年以后，随着含水增高，油井产液量增加，管线回压加大，对萨尔图流程采用截短管线、缩小输油半径的办法进行了改造。1965年这项技术获得国家发明奖，1985年又被国家科委评为发明一等奖。

三、思政点睛

冯家潮工程师用他的事迹告诉了我们，怎样才是“爱国、创业、求实、奉献”。我们更应该学习这种“为国分忧，为民族争气”的爱国主义精神，“宁肯少活20年，拼命也要拿下大油田”的忘我拼搏精神，“有条件要上，没有条件创造条件也要上”的艰苦奋斗精神，“为革命练一身硬功夫、真本事”的科学求实精神以及“不计名利，不计报酬，埋头苦干的‘老黄牛’精神”。

巾帼不让须眉，用生命谱写对祖国的赤诚

——记石油分析领域先驱陆婉珍院士

课程 油田化学

教学知识点 表面活性剂驱油

案例教学目标 通过介绍分析化学和石油化学家陆婉珍院士的典型事迹，让大家了解并学习石油行业精神，培养踏实求学、勤于进取的优良品格。

案例编写人 逯春晶

一、问题引入

20 世纪 60 年代，由于原油评价体系不够完善，导致原油的开采利用技术受到限制，完善原油评价体系成为当时原油工业发展亟待解决的问题，下面就给大家介绍一位我国著名分析化学家和石油化学家，她就是中国科学院院士、中国石油分析领域的开拓者和奠基人之一的陆婉珍。陆婉珍院士一生经历了许多挫折坎坷，一双“慧眼”看尽百年风雨，她带领团队开发研究各种测量仪器，引进先进技术，对原油评价体系的完善做出了巨大贡献。

二、案例介绍

陆婉珍，1924 年 9 月出生于天津市，原籍上海，1946 年毕业于重庆中央大学化工系；1949 年获得美国伊利诺伊大学化学硕士学位；1951 年获得美国俄亥俄州立大学化学博士学位；1952 年至 1953 年在美国西北大学从事博士后研究工作，1953 年后期在美国玉米产品精炼公司任研究员；1955 年回国后在石油工业部炼制研究所（现中国石油化工股份有限公司石油化工科学研究院）工作，历任分析研究室主任、副总工程师、总工程师、高级顾问、学位评定委员会主任等职务；1983 年、1990 年两次获得全国“三八红旗手”称号；1991 年当选为中国科学院学部委员；2015 年 11 月 17 日在北京逝世，享年 92 岁。

对于陆婉珍来说，美国八年的留学时光和工作经历不仅让她具备了扎实的化学基本功，也让她深入了解了企业研发。这些对她回国后的工作起到了非常重要的作用，也是她在美国最大的收获。

1955 年，受祖国召唤，陆婉珍与闵恩泽夫妻二人放弃了在美国优越的生活和科研条件，毅然回国。那年，她被分配到石油工业部负责筹备石油科学研究院分析研究室，从此与石油结下了不解之缘。

半个多世纪里，在她的呼吁和领导下，库仑仪、氢分析仪、近红外光谱仪……一台台用

于石油分析的仪器研制成功。这些仪器在石油分析测试中发挥了巨大作用，也为国家节省了大笔开支，带来了巨大收益。

20 世纪 60 年代，五项要开发的炼油新技术被称作“五朵金花”，其中之一便是铂重整技术，而该技术最关键的问题就是重整催化剂砷的中毒问题。陆婉珍在配合铂重整技术工艺开发过程中敏锐地意识到，必须建立一种测定砷的新方法。她通过大量文献调研，带领团队经过近百次实验的改进和优化，在不到两个月的时间内建立了可靠的“铂重整原料油及催化剂中微量砷的测定方法”。这种方法的最低检出量为十亿分之一（1ppb），这相当于从十亿个分子中找出一个坏分子。之后，陆婉珍带领团队逐步建立完整的原油评价体系，组织汇编了 8 册《中国原油评价》，夯实了我国的原油评价技术；她还带领科研人员在我国首次开发出了弹性石英毛细管色谱柱……一路的孜孜不倦，即使到达古稀之年，她也依旧奔波不停。

1994 年，独具慧眼的陆婉珍决定组建近红外光谱研究团队。因为国内大多数人对这项技术不是很了解，反对声此起彼伏。陆婉珍顶住了压力，她认为近红外光谱是一项极具发展和应用前景的技术，尤其是在石化分析领域，极有可能掀起一场分析效率的技术革命。事实证明她是对的！如今，陆婉珍被业内公认为我国近红外光谱学科的创始人、我国近红外光谱技术的领路人和中国的“近红外光谱之母”。

“文化大革命”期间，她进过牛棚，也下过干校劳动。后来她跟自己的学生说：“当年躺在‘牛棚’地板上的时候，把一切想透了，人生最差也不过如此，还能怎样呢？一个人很难在现实环境中得到所需要的，可是至少可以在工作中得到满足吧。”为了学生，她努力地为他们争取待遇，但是对于自己的名和利，她很少去争。回望陆先生一生，鲜有几个高级别的奖励，大都是部级的二等和三等科技进步奖，且以三等奖居多，她却以淡泊豁达的态度处之。她常劝一些焦躁的年轻人：“科学成绩是常年的累加，而不是一朝一夕的辉煌。”

“她颇懂得科学精神。”陆婉珍的先生闵恩泽院士这样说。用闵先生的话讲，她是一个有着科学精神武装的人：正直、诚信、理性；不断探索，创新，格物致知；懂得用身心恢复平衡。或许正是如此，这位中国为数不多的女院士，虽一生饱经风霜，依旧心眼如一，如水澄明。

三、思政点睛

陆婉珍先生一生热爱祖国，崇尚科学，严谨求实，无私敬业，将全部心血奉献给了中国分析化学和石油化学事业，为中国科教事业发展做出了重大贡献。科学成绩是常年的累积，而不是一朝一夕的辉煌。不论做学问、做人，都不要太功利，不要太浮躁，要顺其自然，从点滴做起，功夫到了，自然会积涓流以成大海。

续写“三超”精神，献身祖国石油

课程 油田化学

教学知识点 三元复合驱

案例教学目标 通过对“三超”精神及事例的讲解，认识到任何成果取得都是一代代科技工作者历经无数次尝试，而做科研就是要坐得住冷板凳，经得起失败的挫折，引导学生在科研工作上发扬积极向上、奋斗进取的精神。

案例编写人 逯春晶

一、问题引入

三元复合体系驱是指在注入水中加入碱、低浓度的表面活性剂和聚合物的复合体系驱油的一种提高原油采收率的方法。它是20世纪80年代初国外出现的化学采油新工艺，是在二元复合驱的基础上发展起来的。大庆油田室内研究及先导性矿场试验表明，三元复合驱可比水驱提高20%以上的原油采收率。而这些重要成果的取得，与一代代科研人员无私奉献和积极进取的精神是分不开的。

二、案例介绍

“大庆油田科技工作者在推动油田化学品的发展方面，起到了革命性的作用”，在大庆石油科技馆一楼历程厅荣誉展柜前，讲解员这样讲述着。国家科技进步奖特等奖重点奖励国家重大科技创新成果，每年评选不超3项。为什么大庆油田能三获国家科技进步奖特等奖？为什么大庆油田能始终站在石油科技最前沿？三获特等奖的背后，是一代代大庆油田科研人员传承大庆精神铁人精神、坚持“超越权威、超越前人、超越自我”的“三超”精神，持续接力自主创新的生动实践。

原大庆油田勘探开发研究院副总工程师杨振宇的故事，深深打动着走进大庆油田勘探开发研究院的每个人——“如果不按时拿出配方，我自愿下岗！”为攻克三元复合驱技术，2000年，杨振宇立下“军令状”。一次现场取样的路上，他连车带人摔进深坑，手里仍紧紧攥着取样的塑料瓶……上千次实验、数万次分析，创造性地解决了三元复合体系黏度无法达标这一重大技术难题，保障了大庆油田首次开展的三元复合驱工业性试验成功。“为什么从家乡浙江到大庆来？”面对提问，大庆“新铁人”王启民说：“家乡好是好，可地下没油啊！我这辈子只做了一件事，就是研究怎么开发好大庆油田。”

春夏之交的大庆，丁香花开满枝头。已经退休的王启民依旧照常上班，继续为大庆油田寻找最新的高效驱油技术。不仅王启民，每逢大庆油田召开油气田开发技术座谈会，人们依然能够看到王德民、袁庆峰、巢华庆等老专家的身影，他们继续为油田勘探开发“问诊把脉”，为石油科技发展献智献力。

曾经，许多权威专家认为“大庆不具备自己研制表活剂的实力”。“权威反对的声音就是我们前进的动力”，大庆油田企业一级技术专家伍晓林主动承担起研制表面活性剂的重任。“过程很曲折，但我们从没想过要放弃。”经过5600多次反复试验后，伍晓林带领团队终于在2001年5月成功研制出中国人自己的表面活性剂，彻底摆脱三元复合驱技术对国外的依赖。伍晓林的办公电脑每到待机时，屏保就会出现一行字：宁可跌倒一万次，也要站在科技最前沿。如今，他正朝着“技术越来越高，成本越来越低，效果越来越好”的目标不断前行。在大庆油田，像伍晓林一样“痴迷”于提高采收率技术研究的科研人员还有很多。正是在他们的坚持和努力下，历经30年攻关，大庆油田三元复合驱大幅度提高原油采收率技术可在油田含水率达到98%的极限开采条件下，再提高采收率20个百分点以上。

2012年，大庆油田开始火山岩油气勘探，刚工作4年的裴明波被赋予重任，担任课题组组长，同时负责国家“973”项目子课题。“这个项目光研究范围面积就有6000多平方公里，难度大，当时被认为是世界级难题。我暗下决心，一定要干出个样来！”大庆油田勘探开发研究院地震解释一室主任工程师裴明波说，那段时间，自己都“魔怔”了，连睡觉做梦都跟项目有关。最终，他带领团队突破传统认识，创新了火山岩储层地震预测技术。面对世界高分子领域六大难题之一的检测水溶性聚合物微观性能，大庆油田企业二级技术专家孙刚看到了机会，“要抢先建立国际认可的标准”。

聚合物分子仅有零点几微米大小，准确测定分子尺寸是建立标准的关键。为此，孙刚反复演算，推导出一套新方法，但需要通过仪器进行检验，这种仪器当时只有北京一家研究所才有。沟通后孙刚得知仪器仅有一周的空当期。想也没想，他连夜上了火车，到了北京，扛着一箱方便面一头扎进实验室。经过3年不懈努力，孙刚带领团队建立了聚合物评价标准和方法，成为令国际同行叹服的“权威裁判”，被称为“大庆标准”。技术不断进步，精神代代传承。新时代的大庆油田科研人员定将继续超越权威、超越前人、超越自我，续写大庆油田科技发展新篇章。

三、思政点睛

“三超”精神、大庆精神、铁人精神，成为中华民族伟大精神的重要组成部分，永远是激励中国人民不畏艰难、勇往直前的宝贵精神财富。作为新一代石油人，我们也要努力为我国石油事业奉献青春，争做中国新时代铁人！

大庆，是个奇迹

燃烧青春，为油田化学难题“开方抓药”

课程 油田化学

教学知识点 采油化学—三次采油

案例教学目标 通过介绍吴迪专家潜心研究油田化学的历程，引导学生树立新时代科研攻关的无私奉献精神。

案例编写人 逯春晶

一、问题引入

聚合物驱油技术在油田上开始应用的时候，研发与聚合物驱采出液和采出水配伍性好的非阳离子型药剂，成为当时油田化学专业急需解决的难题。在大庆油田设计院，就有一位投身油田化学与分析评价30余载的技术专家吴迪，他渊博的学识、丰硕的研究成果、躬身一线的朴素作风，都让人由衷地钦佩。

油田化学专家吴迪

二、案例介绍

吴迪，大庆油田设计院企业二级技术专家，中国石油天然气集团公司工程建设与油气储运领域技术专家。自参加工作以来，吴迪累计发表技术论文 40 余篇，获国家发明专利授权 4 项，获省部级技术奖励 10 余项。先后获得黑龙江省劳动模范、油田公司功勋员工、油田公司优秀党员标兵、孙越崎青年科技奖、油田公司技术创新突出贡献奖等荣誉及奖励。

20 世纪 90 年代末期，大庆油田从美国引进了原油流动性改进剂，用于大幅度降低大庆油田原油集输能耗。然而，改进剂使用后虽效果显著，但是由于其价格高昂，性价并比不高。此时，吴迪临危受命，带领研究团队开启了国产低温集油化学剂的研究和试验的攻关工作。他深入油田生产实际掌握一手基础资料，在实验室马不停蹄奋战整整两年，先后研制出了 8 个适合大庆油田、大港油田和吉林油田不同区块的原油乳化降黏剂。研究成品可降低石蜡基原油的集油温度达 10℃以上，节能效果非常显著，物美价廉，并获授权中国发明专利和实用新型专利各一项。

21 世纪之初，大庆油田开始大规模应用聚合物驱油技术，研发与聚合物驱采出液和采出水配伍性好的非阳离子型药剂，成为油田化学专业急需解决的难题之一。吴迪带领研究团队从 2002 年开始攻关，将药剂研发重点转移到 O/W 型聚合物驱采出液的反相破乳剂上，仅用一年多的时间，就研发出对高含水聚合物驱采出液兼有反相破乳和脱水双重功能的非离子型药剂——油水分离剂，在保障聚合物驱采出原油脱水质量的同时，又大幅度降低了分离采出水的含油量和除油难度，显著改善了聚合物驱采出水的处理效果。自 2004 年起，油水分离剂在大庆油田聚合物驱采出液处理中得到了广泛应用。这一技术成果还被推广到国内外其他具有高含水率采出液特性的油田应用，带动了大庆油田油气集输和油田水处理药剂技术服务的对外输出。

此外，随着大庆油田三元复合驱现场试验规模逐渐加大，采出液和采出水难以处理的问题愈发突出。为解决这一难题，吴迪带领团队经过 12 年的艰苦攻关，将坚实的理论基础变成解决实际问题的利器，利用前期的研究成果先后研究出适用于大庆油田三元复合驱采出液的油水分离剂 SP1001，在实现三元复合驱采出液有效脱水的同时，首次实现了三元复合驱采出水的达标处理，研制出了石油磺酸盐表面活性剂弱碱体系三元复合驱采出液破乳剂、螯合型水质稳定剂和硫化物去除型水质稳定剂，在大庆油田北二西试验区首次实现了弱碱体系三元复合驱采出水的达标处理，显著提升了油田诸多区块弱碱体系三元复合驱采出液和采出水的处理效果。

三、思政点睛

吴迪专家潜心研究油田化学，系统建立了三元复合驱采出液的表征方法，揭示出三元复合驱采出液不同于水驱采出液的主要特性，并在此基础上通过试验揭示出了强碱、弱碱体系三元复合驱采出液形成和稳定的主要机制，最终破解了三元复合驱的技术难题。吴迪专家严谨的科学态度、锲而不舍的科研精神、新时代奉献精神值得大家学习和发扬。

不忘初心，将一生献给岩石力学

课程 岩石力学

教学知识点 井壁稳定性

案例教学目标 以林韵梅教授提出的围岩稳定性动态分级法作为切入点，通过介绍这位中国岩石力学学科引路人一生的科研经历，鼓励学生们学习林韵梅教授勤奋学习、刻苦钻研的科研精神。

案例编写人 张军

一、问题引入

我国在20世纪50年代大力发展能源开采工业，但由于技术落后及理论欠缺，油气及矿产的开采举步维艰，油气井普遍存在井壁垮塌问题，矿藏开采也时常发生塌方事件，使得能源开采施工时常面临严重的经济损失。同时由于能源开采技术的发展起步较晚，我国在能源开采初期还没有形成系统的岩石力学理论。

二、案例介绍

2013年，美籍华人科学家、岩石力学专家石根华教授专程来到沈阳。在林韵梅教授家，石根华小心翼翼，一页一页认真地翻看林韵梅教授年轻时翻译的《岩石力学及矿山支架》一书。有些泛黄的书籍在石教授手中就像一件珍贵的文物，认真看完后，石教授无比敬重地表示，"林教授，我认为，您就是将岩石力学学科引入中国的第一人!"

林韵梅，女，1933年1月生。1950年，17岁的林韵梅从上海来到沈阳，进入东北工学院采矿工程专业学习。作为"54煤"班中的佼佼者，林韵梅毕业后留校任教，承担起培养更多优秀采矿人才的使命。当时正值苏联专家来华支援中国教育，外语很好的林韵梅获得了为苏联R. P. 邱普隆诺夫专家讲授的《岩石力学及矿山支架》作翻译的任务。能够和国际岩石力学大师接触，是林韵梅梦寐以求的事情。因此，她立即投入紧张的工作之中，夜以继日地翻译书稿，160页的书稿，仅用了6个月的时间就翻译完成。

1955年《岩石力学及矿山支架》由东北工学院编译室出版，新华书店内部发行2000本。完成这项任务的林韵梅自己也没有想到，她做的居然是一件有历史意义的开创性工作。经定居美国的著名岩石力学专家石根华教授认真考证：该书是中国第一本岩石力学著作，对中国岩石力学界产生了深远影响。

林韵梅教授

1956 年，林韵梅又翻译出版了 150 页《井巷特殊掘进法》。林韵梅说："这两本书开阔了我的视野，为我后来的科研工作奠定了坚实的基础，后来许多本相关的著作中都有这两本书的影子。"

参加工作就受到学校重用的林韵梅成绩显著，很快就成为岩石力学领域小有名气的专家。她自己并没有因此飘飘然，而是更加珍惜时间，刻苦钻研学习。工作中，她始终不渝地奉行一条做学问的座右铭——认真是科研工作者必备的美德。

1985 年，林韵梅获得博士生导师资格，成为东北大学第一个女博导。新职务给她带来更大压力的同时，也激发起她更大的动力。同年，林韵梅申报的科研项目"围岩稳定性的动态分级法"获得了冶金部每年 3 万元的经费支持。有了科研经费，林韵梅开始跑矿山，寻求与企业的研究合作。能够与业内的知名专家合作，对于很多偏远的小矿场来说是求之不得的好事。很快，就得到了十多家矿山的支持，开始进行岩石分级的研究工作。在这期间，林韵梅往返奔波于不同的矿山之间，与工人们一起下矿，在几百米深的井下用超声波检测岩石动态，用罗盘测量岩石倾角，用各种工具测量矿石厚度和岩石间各种离层的厚度，并认真记录各项数据，然后再对岩石取样，带回实验室测量岩石强度。这些检测渐渐成为林韵梅及她的助手和学生的工作常态。经过几年的辛苦研究，林韵梅教授发现了"三要素制约"规律，将岩石分类工作由经验提升到以数学分析为基础的高度，使我国在这方面研究处于国际领先地位。

2002 年和 2009 年，林韵梅凭借着自己在国际岩石力学领域的影响，在沈阳和三亚两地两次主持召开岩石力学国际会议，吸引了众多世界一流的专家学者参会。两次会议在国际舞台上充分展示了我国在岩石力学领域所取得的卓越成就，也实现了与国际岩石力学界的良好对接。会议分别出版了一本英文专著，在世界岩石力学的舞台上发出了中国声音，体现了中国力量。目前，虽然以林韵梅教授为代表的老一代学者已经退休，但他们的学生已经挑起了重担，向着更高目标继续执著前行。2011 年，她的学生冯夏庭被全世界的岩石力学工作者推选为国际岩石力学学会主席，得到了全世界同行的认可和尊重。

林韵梅：一生献给岩石力学

三、思政点睛

林韵梅教授就是这样，把自己的一生全部奉献给她所热爱的岩石力学专业，是我国岩石力学研究道路上的一盏明灯。她编写了中国第一部岩石力学著作，提出了“围岩稳定性的动态分级法”，并在晚年另辟战线，搭建了中国岩石力学与世界的桥梁。林韵梅教授的一生是充实的一生、灿烂的一生、奉献的一生，我们应该认真学习林韵梅教授留给我们的宝贵财富，发扬她刻苦钻研为民族崛起而奋斗的奉献精神。

不畏艰辛，以赤子之心向祖国岩层深处开掘

课程 岩石力学

教学知识点 地应力计算以及测量

案例教学目标 通过介绍蔡美峰教授学成归来报效祖国的事迹以及致力于地应力测量理论和方法的研究历程，弘扬“用毕生所学科学技术报效祖国”的爱国情怀，传递勤奋学习、服务祖国、奉献国家的爱国精神。

案例编写人 张军

一、问题引入

石油工程中的许多工程问题其实是力学问题，地层本身存在地应力，未开采前地层处于自然平衡状态，采矿开挖活动打破了这种平衡，引起地应力的释放，正是这种地应力的释放导致采矿岩体的变形和破坏。地应力测量技术重要且复杂，测量误差可能造成上亿元的浪费。因此，根据实际地应力进行合理的采矿开挖设计，保持采矿工程稳定性对采矿工程尤为重要。

二、案例介绍

1943 年，蔡美峰在江苏如东黄海边出生。他出生刚三个月，父亲出海时意外去世，母亲独自拉扯四个孩子，生活非常艰辛，贫苦的乡村生活成了他成长的起点。在那个年代蔡美峰能有机会进入大学学习知识，有机会攻读硕士学位甚至是出国深造无疑是幸运的，而在得到命运垂青的同时，他也付出了巨大的努力。

蔡美峰教授

1962 年，肩负着乡亲们的重托，怀揣强烈的求知欲望，蔡美峰步入上海交通大学，成为一名工程力学专业的大学生。1968 年大学毕业，他被分配到了国防科工委一个下属部门，在湖北宜昌待了近十年时间。1978 年，国家恢复研究生招生，他报考了北京钢铁学院（现北京科技大学）采矿工程专业，自此迎来了他人生的重要转折点。

1985 年，蔡美峰被国家选派作为访问学者赴澳大利亚留学并攻读博士学位。蔡美峰抵澳后，原本要前往卧龙岗大学从事坑道支护技术的研究，这是一个经费充足且和他专业相关的课题。然而，蔡美峰在国内的时候，接触了我国地应力测量方面的工作，当时因为没有摸清地应力的分布规律，有些矿井建了十多年都不能投产。因为地应力测量难度大，成本高，致使我国地应力测量起步较晚。技术不完善，地应力资料的缺乏，严重制约了我国采矿工程和技术科学水平的提高。蔡美峰深刻体会到地应力对采矿工程的极端重要性，因此他从国家需求出发，勇于承担风险，毅然决然地选择了地应力测量方面的研究课题。

蔡美峰：以赤子之心向岩层深处开掘

蔡美峰选择了一个大家都不愿“啃”的骨头，科研方面只有他一个人在孤军奋战。他的研究不光要耗费脑力，还要耗费巨大的体力。试验需要 200 多块 70 千克左右的岩石试块，他每天要把岩石试块从试验台上搬上搬下，要在一尺半高的试验台底爬进爬出，劳动强度不低于建筑工地上的运料工。为了早点出成果，他常常是从早上八点一直工作到晚上九点。他为研究忘记了休息，没多久，连原先的导师都调走干别的项目去了，他却始终承受着脑力、体力的双重磨练，继续坚持研究，被称作“采矿系最辛苦的研究生”。蔡美峰时刻惦记着党和人民的恩情，当时他只有一个念头：没有党组织的信任和培养，没有父老乡亲的哺育，自己不可能有今天这样的机会，冲着这些，自己只有勤奋刻苦，取得成就，才能不负这些重托，才能报答党和人民的恩情。终于经过近五年的努力，他的研究成果终于得到了国际专家的认可。这为后来他在地应力测量领域取得国内外瞩目的突破性成果，提出以地应力为切入点的金属矿采矿优化等理论奠定了坚实的基础。

蔡美峰说：“以前，采矿被很多人看不起，大家认为采矿就是刨地三尺，没有学问，也不是一门科学。但是，随着矿产资源的开发越来越举足轻重，特别是与国外相比，我国采矿工程的技术水平相对落后，使人们逐渐重视采矿领域的科技应用。”

1990 年，蔡美峰获得博士学位，当时澳大利亚政府已经宣布接受所有中国留学生永久居留申请。蔡美峰却坚持认为，国家在不算富裕的情况下花了很大的代价让他有了出国学习的机会，在国家需要的时候回国服务，这是天经地义的。因此，在拿到博士学位半个月后，他毫不犹豫地选择了回到祖国的怀抱。

结束留学生涯，蔡美峰发明了具有自主知识产权的地应力测量技术，并开始在国内推广。蔡美峰取得了丰硕的研究成果，也获得了业界的肯定。他的主要研究除了地应力测量研究技术以外，还有边坡优化设计及其稳定性研究、露天转地下开采优化理论、开采动力灾害的预测和防控研究。

蔡教授深厚的学术功底、富有逻辑的语言表达让人深深折服，他对国家、对党、对学校的深深情感也令人感动。当选为院士，蔡美峰教授激动之情溢于言表，他更多地将自己的这份荣誉归功于祖国、党、人民与学校的培养。蔡美峰动情地说：“如果不是新中国成立，不是祖国、党的培养，作为一个农村的孩子，我怎么会有机会进入大学学习？怎么会有机会出国深造？自 1990 年我从澳大利亚留学归国，如今回国 30 年，我从未后悔。国家给予我出国留学攻读博士的机会，这在当时（1985 年）是投入很大的，学成归来我就一定要用所学的知识为国家服务，这个初衷一直从未改变。”

凡是与蔡美峰教授一起工作过的人，无不对他一丝不苟、周密思考和谦虚谨慎的治学态度留下深刻的印象。十几年如一日，蔡教授长期从事采矿工程领域的教学和科研工作，倾注了全部心血。七十多年的人生道路，对于蔡美峰教授来说充满了坎坷和艰辛。作为一名在艰苦环境中成长起来的科研工作者，蔡美峰以自强不息的精神和达观坚韧的人生态度在平凡的科研岗位上做出了不平凡的业绩；作为一名共产党员，蔡美峰忠诚于自己的事业，在工作的各方面都起到了模范带头作用，用实际行动体现着共产党员的先进性；作为一名高校教师，蔡教授多年的工作经历体现了新时代教师甘于奉献的时代精神、率先垂范的师德风尚和乐观进取的人生态度。

三、思政点睛

蔡美峰从 20 世纪 80 年代留学澳大利亚起，就致力于地应力测量理论和方法的研究，是“回国不需要理由”海外留学学子的典型代表。我们要学习蔡美峰教授这种为了祖国科技发展奉献自己一生的热情以及不怕艰难的科研精神。

60 年坚守，破解世界岩石强度理论难题

课程 岩石力学

教学知识点 双剪统一强度理论

案例教学目标 通过介绍俞茂宏教授的事迹及双剪统一强度理论的研究历程，弘扬“甘为真理付韶华，不贪浮名系家国”的中华民族的优良传统，培养学生严谨的科学态度和锲而不舍的钻研精神。

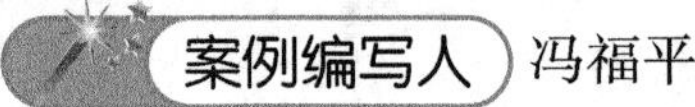
案例编写人 冯福平

一、问题引入

目前，岩石力学领域判断岩石是否发生破坏多使用德国莫尔（Mohr）教授于 1900 年提出的莫尔—库仑（Mohr-Coulomb）强度准则，该强度准则只考虑了岩石所受的最大主应力和最小主应力，而忽略了中间主应力的影响。如何考虑中间主应力及适用于各种破坏条件的统一强度理论是世界性的难题。

二、案例介绍

“基础理论研究之路，从来不曾平坦，唯有历经坎坷，方能玉汝于成。俞茂宏，一个皓首穷经的交大学人，用 60 年的虔诚与坚守，推动中国的强度理论研究水平跻身世界前沿……”2019 年 8 月 11 日，《光明日报》头版头条报道了甘坐六十年学术“冷板凳”、破解百年世界难题的俞茂宏教授。

在基础理论研究中贡献中国智慧

俞茂宏，男，1934 年 11 月生，西安交通大学人居环境与建筑工程学院教授。长期从事材料和结构强度与振动的教学和科研工作，原创性地提出了双剪统一强度理论，突破了现有的单一强度理论模式，建立了一个有统一力学模型、统一建模方程、统一表达式而又适用各类材料的统一强度理论，破解了强度理论的世界性难题，使中国人的理论第一次写入基础力学教科书。从 1959 年一头扎进强度理论研究，到两年后首次提出“双剪”概念；从 1985 年提出“广义双剪强度理论”，到 1991 年正式发表统一强度理论；从材料强度理论研究到结构强度理论研究，再到如今土力学、岩石力学等不同场景应用……时间，已跨过整整一个甲子。2018 年 2 月，俞茂宏教授荣获“感动西安 2018 年度十大人物”称号。

1959 年，年仅 25 岁的西安交通大学助教俞茂宏在参与学校塑性力学教材编写时，发现“材料强度实验中得出的某些结果与当时权威的强度理论无法匹配”，从此开启了他向国际权威理论发起的“挑战”。当时，学术界普遍认为，作为经典力学的分支，强度理论已发展得较为成熟，想要得出统一的强度理论是“徒劳的”。例如 1901 年，工程力学领域权威学者、德国哥廷根大学教授沃伊特曾断言：“想要建立一个统一的强度理论能够适用于各种工程材料是不可能的。”此后，美国斯坦福大学著名教授铁木辛柯肯定了这一论断——困扰学界百年的“沃伊特—铁木辛柯难题”由此而来。1985 年《中国大百科全书》也明确指出，要提出一个适用于各种材料的统一强度理论是不可能的（2009 年第二版已删除该结论）。

1961 年，俞茂宏在论文《各向同性屈服函数的一般性质》中第一次提出“双剪”概念，并推导出“双剪屈服准则”。彼时，双剪屈服准则是只能适用于金属类材料的强度理论。1985 年，俞茂宏又首次提出适用于岩土材料的“广义双剪强度理论”。1991 年，俞茂宏在日本京都第 6 届国际材料力学性能会议上正式发表统一强度理论。至今，由他发展建立的双剪理论及统一强度理论不仅可以解释塑性材料的屈服破坏，也可解释材料的拉断破坏、剪切破坏、压缩破坏和各种二轴、三轴破坏，适用于金属、混凝土和岩土等各类材料。中国人民解放军总参谋部工程兵科研三所研制了可以进行拉伸的真三轴试验机，对一种类似岩石材料进行了试验，试验结果与双剪强度理论一致。大连理工大学进行了海洋冰的三轴试验，清华大学进行了高强度混凝土的复杂应力试验，他们的结果都与莫尔—库仑强度理论不符，而与双剪强度理论相符。中国科学院武汉岩土力学研究所制造了 Mogi 式真三轴试验机，对黄河上游拉西瓦水电站的花岗岩进行了真三轴试验，结果与双剪强度理论相符。双剪理论和统一强度理论已被写入《工程力学手册》《中国水利百科全书》等 320 多种学术著作和教科书中，这个由中国人创立并命名的理论已经得到国际力学领域的公认。

三、思政点睛

俞茂宏教授潜心研究 60 年提出的双剪统一强度理论，破解了强度理论的世界性难题，使中国人的理论第一次写入基础力学教科书。俞茂宏教授是我国各行各业科技工作者的缩影和典型代表，这种“甘为真理付韶华，不贪浮名系家国”的执着精神是中华民族的优良传统，我们要学习俞茂宏教授这种严谨的科学态度和锲而不舍的钻研精神，践行知识分子的使命和担当。

提高环境保护意识，培养良好职业规范

——蓬莱 19-3 油田溢油引发的思考

课程 岩石力学

教学知识点 地层破裂压力

案例教学目标 通过介绍蓬莱 19-3 油田溢油事故的原因及带来的危害，提高环保、法律以及职业规范意识的培养。

案例编写人 冯福平

一、问题引入

某深度处地层破裂时所能承受的液体压力称为该处地层的破裂压力，地层在该压力作用下破裂形成裂缝，降低了流体的流动阻力。储层改造过程中地层破裂形成人工裂缝有利于提高油气井的产能，而在钻井过程中地层破裂会造成钻井液的严重漏失引起钻井事故，注水过程中地层破裂有可能导致流体进入其他层位甚至沿某些天然裂缝上窜到地面，引起严重的漏油事故，尤其在海洋石油开发中危害更为严重，渤海海域蓬莱 19-3 油田就曾发生过由于地层破裂和断层开裂导致的漏油事故。

二、案例介绍

2011 年 6 月 4 日和 17 日，蓬莱 19-3 油田先后发生两起溢油事故。蓬莱 19-3 油田位于渤海海域中南部的 11/05 合同区、渤南凸起带中段的东北端的郯庐断裂带，东经 120°01′~120°08′，北纬 38°17′~38°27′，油田范围内平均水深 27 ~33 米。油田分两期开发，一期 A 平台于 2002 年 12 月投产，二期 B、C、D、E、F、M 平台于 2007 年 7 月至 2011 年 4 月相继投产，其中 B 平台 2008 年 5 月投产、C 平台 2007 年 7 月投产。油田现有生产井 193 口、注水井 53 口、岩屑回注井 6 口，2010 年石油产量 778 万吨，2011 年 5 月份日产原油 2. 3 万吨。

按照合同约定，该油田以对外合作方式由中国海洋石油总公司（以下简称中海油）与康菲石油中国有限公司（以下简称康菲公司）合作勘探开发，中海油拥有 51%的权益，康菲公司拥有 49%的权益。双方组成联合管理委员会，审查批准该油田开发中的重要事项。

1. 溢油事故原因

1）直接原因

B 平台附近溢油：6 月 2 日是 B23 井出现注水量明显上升和注水压力明显下降的异常情况，康菲公司没有及时采取停止注水并查找原因等措施，而是继续维持压力注水，导致一些注水油层产生高压、断层开裂，沿断层形成向上窜流，直至海底溢油。

C 平台溢油：C25 井回注岩屑违反总体开发方案规定，未向上级及相关部门报告并进行风险提示，数次擅自上调回注岩屑层至接近油层，造成回注岩屑层临近油层底部并产生超高压，致使 C20 井钻井时遇到超高压，出现井涌，由于井筒表层套管鞋附近井段承压不足，产生侧漏，继而导致地层破裂，发生海底溢油事故。

2）间接原因

B 平台附近溢油：一是违反总体开发方案，B23 井长期笼统注水，导致各油层间压力差异加大，L70 油层形成局部高压；二是注水井井口压力监控系统制度不完善，管理不到位，没有制定安全的注水井口压力上限；三是对油田存在的多条断层没有进行稳定性测压试验，特别是对接触多套油层的 502 通天断层（断层向上延至海床）没有进行风险提示，也未开展该断层承压开裂极限数值分析标定。

C 平台溢油：一是 C20 井钻遇高压层后应急处置不当，钻井过程中出现异常情况，未及时分析研究提高应急能力、采取下放技术套管等必要措施，钻至 L100 层遇到 C25 井回注岩屑层形成的超高压，至发生井涌，应急措施无力，导致井中压力不断增高，发生侧漏导致海底溢油；二是 C20 井钻井设计部分没有执行环评报告书，按照表层套管深度进行设计，降低了应急处置事故能力。

2. 溢油事故性质

经联合调查组调查认定，康菲公司在作业过程中违反了油田总体开发方案，在制度和管理上存在缺陷，对应当预见到的风险没有采取必要的防范措施，最终导致溢油。蓬莱 19-3 油田溢油事故是造成重大海洋溢油污染的责任事故。按照签订的对外合作合同，康菲公司作为该油田的作业者应承担溢油事故的全部责任。

3. 溢油事故损害索赔

溢油事故发生后，农业部、国家海洋局依据职责分别开展养殖渔业损失、天然渔业资源损害和海洋生态损害索赔工作。

1）养殖渔业、天然渔业资源损害索赔

康菲公司出资 10 亿元人民币，用于解决河北、辽宁省部分区县养殖生物和渤海天然渔业资源损害赔偿补偿问题；康菲公司、中海油分别从海洋环境与生态保护基金中列支 1 亿元和 2. 5 亿元人民币，用于天然渔业资源修复和养护等方面工作。

2）海洋生态损害索赔

康菲公司和中海油总计支付 16. 83 亿元人民币，其中康菲公司出资 10. 9 亿元人民币，赔偿本次溢油事故对海洋生态造成的损失。中海油和康菲公司分别出资 4. 8 亿元人民币和 1. 3 亿元人民币，承担保护渤海环境的社会责任。

三、思政点睛

蓬莱 19-3 油田漏油是一起重大海洋溢油污染的责任事故，警示我们在日常生活、学习工作中要严格遵守法律法规和规章制度，养成良好的职业规范。保护环境是关系到人类生存、社会发展的根本性问题，在我们生活和工作的方方面面都要具有环境保护的意识。

精益求精，将工匠精神融入钻井施工

——记新时代大庆 1205 钻井队

课程 岩石力学

教学知识点 岩石破碎理论

案例教学目标 通过介绍 1205 钻井队精益求精的创新实践行动，引导大家学习敬业、精益、专注、创新的工匠精神。

案例编写人 冯福平

一、问题引入

钻头在钻压和旋转的联合作用下破碎井底岩石形成井眼，根据井底岩石的特性选择合理的破岩方式、钻头类型及钻井参数是提高机械钻速的关键。然而由于钻井是一项复杂的系统工程，多个环节及因素都要影响钻井效率，机械钻速只是衡量钻井技术和水平的其中一个参数，钻井质量、年进尺或建井周期才是反映一个井队钻井效率的综合指标。因此在新时代的背景下，更需要发扬工匠精神来创新发展钻井工程的每一个环节，提高钻井整体效率。

二、案例介绍

2019 年 12 月 26 日 9 时，当高速旋转的钻头慢慢地“刺透”杏 4-40 斜 3320 井地下 958 米的地层，钢铁 1205 钻井队的“里程碑”又增添了一座：国内累计年进尺连续三年突破 10 万米，口口井提速、口口井全优、口口井创效，同时也是钢铁 1205 钻井队第五次实现年钻井进尺 10 万米。200 多名钻工鼓掌欢呼，鞭炮齐鸣，邻近 11 支钻井队同时鸣笛，祝贺大庆油田钻探公司 1205 钻井队年进尺 10 万米胜利完成。

大庆钢铁 1205 钻井队于 1953 年 9 月在玉门油田组建，铁人王进喜是第三任队长，所属单位是大庆钻探工程公司钻井二公司，岗位职能是承担大庆油田整井、中深开发井等任务，是大庆精神、铁人精神的发源地。建队 66 年来，1205 钻井队累计交井 2398 口，总进尺 303.9 万米，相当于“钻”透 343 座珠穆朗玛峰。1966 年实现年进尺 10 万米，一举打破当时世界最高纪录；1971 年第二次实现年进尺 10 万米，2017、2018、2019 年实现了连续钻井进尺 10 万米，展现了 1205 钻井队技术的进步、效率的提升，也见证了他们的成长。

衡量一个钻井队的水平，在不同的时代有不同的标准。过去注重的是井口数和进尺数，随着时代的发展，现在不仅追求数量更追求质量。进入新时代，1205 钻井队树立精益求精理念，不断创新实践，探索推行了“精益钻井”管理模式，全面消减钻井施工过程中的非

1205 钻井队年进尺达到 10 万米

增值活动，把整个施工过程分为 109 道工序，每道工序都对照行业标准找差距，把科学组织生产、严格工序衔接作为施工管理重点，从安全、调试、安装到开钻，对各道工序实行“定人员、定责任、定设备、定环节”，还建立了安全工程技术、施工现场管理等多项安全保障体系，做到各施工过程任务明细、措施具体、落实有力；聚焦“两个严控”（控成本、控过程），运用“六大工具”（流程看板、标杆追踪、行为改善、视觉营造、准时运行、精益保障），控制“七个浪费点”（工序衔接、设备维修、安全事件、重复作业、操作不当、无效等待、不良返工）。1205 钻井队坚持向精益求精要速度，针对钻井生产全过程、全要素，抓住流程看板关键点，排除提速制约因素，做到工序无缝衔接；坚持向精益要质量，推行数字化、信息化钻井，创建电子工程班报表，实施跟踪现场施工参数，优化钻具组合，实现“一趟钻”到底；坚持向精益要安全；严格风险防控，严守“四条红线”，严肃安全环保绩效考核，全年零违章、零事故、零污染；坚持向精益要效率，严格落实“一表一擂一会”（建立《单井常规材料损益表》、设立精益钻井生产擂台、召开单井成本分析会），找准漏点，补齐短板，推动精益钻井由 1.0 向 2.0 全面升级。

自 2017 年推行精益钻井生产模式以来，通过数字化、信息化钻井，最大限度消除钻井生产中的时间、成本浪费，1205 钻井队钻井效益、钻井效率、钻井质量均大幅度提升。近 3 年，平均机械钻速较 2016 年时提高了 41.75%，井身质量合格率和固井质量优质率始终保持在 100%。

三、思政点睛

在新时代的背景下，干工作不仅追求数量更追求质量，对待工作要有精益求精的工匠精神。将敬业、精益、专注、创新的工匠精神融入生产、设计、经营的每一个环节，实现由“重量”到“重质”的突围，才能迎头赶上世界制造强国，成功实现“中国制造 2025”的战略目标。

勇于担当，做铁人精神的传承者

——记最美奋斗者新铁人李新民

课程 石油工程生产实习

教学知识点 钻井工艺流程

案例教学目标 通过介绍新时期最美奋斗者大庆新铁人李新民的事迹，深化大庆精神、铁人精神的内涵，弘扬新时期勇于担当的铁人精神。

案例编写人 王昶皓

一、问题引入

钻井是一项系统工程，是多专业、多工种利用多种设备、工具、材料进行的联合作业。同时它又是多程序紧密衔接、多环节环环相扣的连续作业。施工的全过程都具有相当的复杂性。因此，钻井过程中时常伴随着一些复杂情况，甚至井喷的发生。在艰苦卓绝的年代，铁人王进喜面对这些困难纵身跳进泥浆池，用身体搅拌泥浆。如今“新时代铁人”李新民继承了铁人的衣钵，困难越大越敢担当，环境越苦越要向前。

二、案例介绍

20 世纪 60 年代，“铁人”王进喜喊出“宁肯少活二十年，拼命也要拿下大油田”，大庆精神铁人精神彪炳史册，成为中国石油的魂。今天，面向国际能源市场，李新民喊出“宁肯历尽千难万险，也要为祖国献石油”，把大庆精神带出国门，把中国标准、中国力量和中华美德传向世界，这就是“大庆新铁人”李新民的信念。作为中国石油天然气集团有限公司大庆油田中东分公司经理兼 1205 钻井队队长，李新民也是大庆石油管理局劳动模范、优秀共产党员、杰出贡献职工，荣获过黑龙江省“五一劳动奖章”，中央企业劳动模范、全国劳动模范。

做一名光荣的石油工人，是李新民的梦想。1990 年 6 月，李新民从大庆石油学校钻井工程专业毕业后分配到 1205 钻井队工作。从那开始，他踏上了寻梦之旅。钻井是石油行业最苦最累的工种，作业三班倒，在钻台上一干就是 8 小时。只要一开钻，不管什么恶劣的天气，都不能停歇。李新民刚到钻井队时，体重还不到 100 斤，身体单薄，每次都累得不想吃饭，这使他真正品尝到井队的艰辛。那段时间，他天天往钻台上跑，给老师傅当帮手、打下手。每次甩完钻杆，等钻台上没人了，就独自在上面跟大钳较劲，一练就是一两个小时。凭着这股劲儿，不到半年，李新民就担起井队 6 个岗位的活儿，成为当时那批毕业生里最受老师傅喜爱的小伙子。5 年后，他成为队里的党支部书记，2003 年，他接过了钻井队第十八任队长的大旗。当铁人的红旗交到李新民手上时，他深知，手里这面红旗重过千钧。此时大庆油田要面对的是难度日益增大的开采任务，以及国际石油市场的激烈竞争，“走出去”成了必然选择。

“把井打到国外去”是铁人王进喜的遗愿，也是一代代 1205 钻井人的追求。2006 年的春节刚过，李新民率领 1205 钻井队来到多年战乱、被称作“世界火炉”的苏丹。进入苏丹市场 5 年，在李新民的率领下，1205 钻井队创出当地 23 项高指标、新纪录，苏丹政府颁发了两次代表钻井最高荣誉的“钻井杯”。2010 年 10 月，李新民离开苏丹，被选派到伊拉克哈法亚，负责大庆的钻井项目。战后伊拉克，路上满目疮痍、浓烟滚滚，到处都是坦克残骸、被炸飞的汽车轮胎和还没清理的雷区。但是他们只用了 47 天就成功打完了一口 3167 米的水平井，比设计节省了 19 天。一举打出了“大庆速度”“铁人水平”，创出哈法亚油田的最高纪录，为哈法亚油田提前 15 个月完成一期目标作出了重大贡献。李新民说：“这些年在海外，我曾经三次直面冰冷的枪口，我们的石油人，每年都有人把青春和热血永远地留在了异国他乡，身在海外，我更加懂得祖国意味着什么，更体会到身为中国石油人的自豪。”

最美奋斗者李新民

就这样，李新民从一名普通钻工，一步步成长起来，他沿着铁人的足迹“寻梦”，传承了大庆的“石油魂”。“井就是我的命，油就是我的魂”，这是李新民作为一名共产党员、一名石油工人的铮铮誓言。他把弘扬大庆精神、铁人精神作为一种追求、一种品格，融化进了血液里。

三、思政点睛

李新民的先进事迹，充分传承了铁人精神的内涵，在新时代的背景下，更需要我们能够直面困难，勇于担当，为国家能源安全贡献自己的力量。

绽放中国智慧，开创现代顿钻钻井技术先河

课程 石油工程生产实习

教学知识点 钻井发展史

案例教学目标 通过介绍开创顿钻钻井技术先河的卓筒井钻井，弘扬勇于探索创新的精神，培养学生爱国主义精神，让学生获得更多的民族自豪感。

案例编写人 王昶皓

一、问题引入

钻井大体经过了人工掘井、人力冲击钻、机械顿钻和旋转钻四个发展阶段。在前三个阶段中，中华民族都是处在该项技术的最前列。北宋庆历年间（1041—1048 年），出现了“顿钻”钻井技术，井筒直径有碗口大小，井深可达 130 米左右，古称“卓筒井”，这一钻井技术取得了具有划时代意义的突破。“卓筒井”的发明创造，堪称中国古代除指南针、火药、印刷术、造纸术之外的又一伟大发明，开创了世界近代“绳式顿钻”钻井技术的先河，掀起了人类历史上一场重大的能源革命。

二、案例介绍

20 世纪 80 年代，在加拿大温哥华举行的世界钻探技术大会上发生了一次关于人类最早钻井史的争论。当俄罗斯人和美国人正在为他们二三百年的钻井史争辩、激动不休时，与会的中国代表一语惊人：“我们中国人早在一千年以前已经能使用钻头挖掘到几百米深了”。英国科技史专家李约瑟博士认为：“今天在勘探油田时所用的这种钻探深井或凿洞技术，肯定是中国人的发明，这种技术在汉代就已经在四川加以应用。不仅如此，他们长期以来所用的方法，同美国加利福尼亚州和宾夕法尼亚州在利用蒸汽动力以前所应用的方法基本相同，开创了机械钻井的先河。”

卓筒井：
第五大发明

卓筒井是直立粗大竹筒的盐井。从狭义来说，指凿出井孔，采用竹筒为套管下入井中的井身结构；从广义来说，泛指小口径盐井的凿井工艺技术，另一种凿井方法。始于北宋的卓筒井这一名称和人类最早出现的冲击式钻井方法联系在一起，也是世界上最早创造的冲击式钻井方法的同义语。人类第一次以凿井方法取代了人工挖掘方法，揭开了人类开发储存于地下深处的矿产资源的历史序幕，开创西方近代绳式顿钻钻井方法的先河。西方人罗伯特·K. G. 坦普尔所著《中国：发

明与发现的国度》一书中详细记载了很多中国先人的伟大科技成就。当提到卓筒井时，他认为：是中国宋代盐井钻井技术直接引发了西方现代钻井技术的发明；就连机械钻井取盐、采石油、采天然气，都是在卓筒井技术的基础上演变而来。正是因为有如此辉煌的历史，2006 年卓筒井井盐深钻技术被国务院公布为首批国家级非物质文化遗产。2013 年 3 月卓筒井被国务院公布为第七批全国重点文物保护单位。

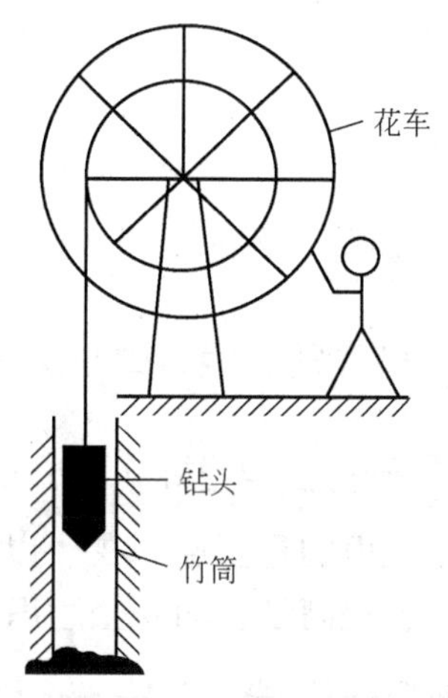

卓筒井

在将近一千年前，我们的祖先以勤劳智慧和勇于探索创新的精神，发明了卓筒井钻井技术，让埋藏于地下亿万年的古盐海重见天日，造福于人类。时光荏苒、斗转星移，当历史的脚步迈进二十一世纪，卓筒井的原始功用渐渐淡化，但其科学、文化价值却越来越显现。“身高”不足 10 米，井架和配套物完全由竹质和木材料制造而成，它瘦峋单薄的身躯，闪着古铜色一般的光亮，如朴实的老农，在风雨阳光中坚韧地挺立。1000 多年了，是它开创了世界机械钻井之先河。

三、思政点睛

有着中国“第五大发明”之称的卓筒井，开创了世界近代顿钻井技术的先河。我们应该为有这么璀璨绚烂的历史文化而感到骄傲和自豪，为祖国能在日新月异的今天蓬勃发展而不断创新，为中国的钻井整体水平重新位于世界前列而努力奋斗。

提高安全意识，增强职业责任感

——《深海浩劫》的警示

课程 石油工程生产实习

教学知识点 固井技术

案例教学目标 通过介绍电影《深海浩劫》，让同学了解钻完井施工过程中责任感和安全意识的重要性。在“以人为本”、“以经济建设为中心”和“全面协调可持续”的大背景下，提高学生的安全意识和责任感。

案例编写人 王昶皓

一、问题引入

固井是钻完井工程的关键环节。固井工程质量不仅直接影响钻井、完井、试井、采油和增产措施等各项后续作业的顺利进行，而且还影响油井的正常生产和油田的合理开发。特别是随着油田开发的不断深入，地层地质情况复杂、钻采类型与方式多样，对固井质量的要求越来越高，提高固井质量的难度也越来越大。因此，石油工业界历来对固井质量高度重视。电影《深海浩劫》是一部改编自真实事件的高评分电影，情节引人入胜，背后思考的问题发人深省。该事件造成的巨大损失令世界震惊，其主要原因就是由于固井水泥质量不过关，凝固时间不够，导致固井质量不达标，并且没有做固井管内压力测试。影片不仅带给我们震撼的视觉效果，事故发生的原因及产生的后果，都值得我们深思。

二、案例介绍

电影《深海浩劫》根据2010年美国墨西哥湾原油泄漏事件改编，讲述了石油钻井平台上的工作人员在特大事故中经历生死的故事。离岸40英里以外，广阔的墨西哥湾洋面上矗立着世界顶尖的海上钻井平台——“深水地平线”。平台副经理麦克·威廉姆斯带领自己的团队即将完成一次破纪录深度的钻井作业。不料突发井压不稳和压冲导致紧急安全系统失灵，随即引发连环爆炸，深海原油冲破井盖喷涌出来，形成数十米高的油柱，冲天大火随之而来。数百万吨原油倾泻而出，整个钻井平台及附近的海平面都被遮天浓烟和熊熊大火包围，变成人间炼狱，126名钻井工人被困其中，最终导致7人重伤、11人失踪，并且漏油造成了巨大的环境灾难，是美国历史上“最严重的一次”漏油事故。

《深海浩劫》还原真实灾难事件

《深海浩劫》剧照

影片中可以看出，一连串的小失误不断积累导致了最后的重大灾难。首先，在灾难来临前，已经有非常明显的迹象，管内压力无原因超标，而且是超过警戒值很多；斯伦贝谢的员工玩忽职守，为了省下十几万美元没有做水泥浆性能测试，导致固井质量不佳；BP 石油公司代表为了减少生产成本一意孤行，他认为非核心仪器发生故障没什么，不影响正常生产，将所有人的生命置于危险之中；迫于 BP 石油公司驻场管理人员的压力，第一工程师和安全主管都没有坚持自己的底线，简单测试后就同意继续钻进；操作人员也想着早日完工早点回家；等等。许多不利因素的叠加注定了悲剧的发生。影片结尾 BP 石油公司的主管唐的眼神相信会给大家留下很深的印象，如果再给他一次机会，他一定不会冒险蛮干，一定不会以势压人，一定会查明原因，但是，没有如果，安全没有彩排，一切不能重来。

三、思政点睛

《深海浩劫》由 2010 年美国墨西哥湾“深水地平线”钻井平台原油泄漏爆炸的真实事件改编而来，该影片可以说是“深水地平线”钻井平台原油泄漏爆炸原因及过程的详细回放。由于管理者和操作人员的一系列漫不经心和不负责任的行为造成了巨大的人员伤亡、经济损失和环境灾难。为了防止此类悲剧的发生，同学们在以后的工作当中一定要切实履行自己的工作职责，坚守底线，实事求是，提高安全意识和责任感。

按章操作，提高职业素养和安全意识

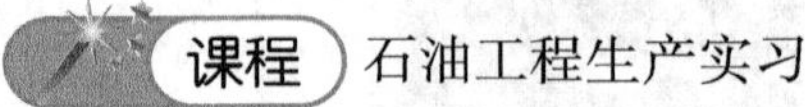
课程 石油工程生产实习

教学知识点 抽油机检修维护

案例教学目标 通过讲授抽油机维护过程中的伤人事件，使学生深刻地认识到安全操作的重要性，提高按章操作的职业素养和安全意识。

案例编写人 刘进祥

一、问题引入

游梁式抽油机是油田生产中最为常见的一种抽油机，抽油机工作过程中一些部件不可避免地会产生一定的磨损，对破损部件要及时更换才能保证油井正常生产。维护过程中一定要按照操作规章操作，否则就容易受伤或者伤人。

二、案例介绍

2019 年 4 月 18 日上午 8 时许，管井工巡井过程中发现油井皮带损坏后告知计量间班长于某，于某让维修大班魏某与他前往帮助更换皮带。8 时 50 分，于某和魏某到达现场。8 时 55 分，魏某站在减速箱维修平台，于某站在电机轮一侧，两人先将电机轮套上皮带，再将皮带搭在减速箱大轮上边缘，为确保皮带全部进入大轮皮带槽内，魏某双手盘动大轮，于某左手拽下行皮带，右手推上行皮带，就在皮带入槽的时候，减速箱轮发生转动，于某左手拇指被下行皮带和电机轮夹伤。

使用盘轮方式安装皮带，当皮带进入减速箱大轮皮带槽内，大轮会受惯性影响突然转动，导致皮带发生位移。于某使用左手拽皮带，正好位于皮带下行进入电机轮的夹口处，左手从握紧状态到松开，整个过程反应不及。反思事件的发生过程，制度执行不到位，违章操作，未按照《更换抽油机可移动电机底座皮带操作卡》执行，违反“六条禁令”要求，凭经验习惯操作，无视管理要求。八区一队对设备使用监管不到位，对员工习惯性违章操作没有及时发现并制止；安全教育不到位，安全培训形式单一，未达到教育效果，员工对制度要求和自身职责认识不清，员工安全意识和风险辨识能力不足。

预防纠正措施包括：（1）加强皮带领料源头控制，从出库环节队长根据更换井情况和对应的更换人员，进行风险识别分类控制；（2）对有可移动式电机底座的，由班长现场更换，对未安装可移动式电机底座的，现场追加 1 名旁站监督人员；（3）组织全矿油井班长进行皮带更换操作规程和安全意识与能力考试评估，对安全意识欠缺、能力不足的坚决调离岗位，对操作规程熟知程度不高的，进行重点培训考试，直至合格；（4）加大常规作业中风险相对较高的日常操作维护现场检查频次，对执行操作规程不到位的进行累计加倍处罚，对于情节严重的坚决试岗；（5）通过谈话、问询、答卷等方式及时掌控关键操作人员的思想状况；（6）充分发挥站队班子的安全观察与沟通作用，及时把控修正出现的安全意识偏差；（7）严格落实站队长的安全主体责任，每天对关键操作、施工作业等进行现场检查，对安全意识差、风险识别能力弱、管控措施落实不到位的行为状态，通过召开现场会、班前会讲评分享等进行问责整改。

三、思政点睛

油田生产安全没有小事，抽油机维修过程中一定要注意安全，尤其是对于运动部件的维修过程一定不能麻痹大意，否则就容易发生危险，轻则受伤，重则丧命。操作必须按照规章制度操作，熟记“六条禁令”：严禁特种作业无有效操作证人员上岗操作；严禁违反操作规程操作；严禁无票证从事危险作业；严禁脱岗、睡岗和酒后上岗；严禁违反规定运输民爆物品、放射源和危险化学品；严禁违章指挥、强令他人违章作业。这些禁令需要严格执行。牢记施工操作过程中的“三不原则”，即不伤害自己、不伤害他人、不被他人伤害。

做好自我防护，养成良好操作习惯

课程 石油工程生产实习

教学知识点 密闭或半密闭空间作业要求

案例教学目标 通过讲授密闭空间施工防护相关事例，使学生深刻地认识到油田生产中进入密闭空间中施工做好检测和防护工作的重要性，便于学生养成良好的操作习惯。

案例编写人 刘进祥

一、问题引入

作业过程中，有时候会进入较为封闭的空间进行作业，作业前必须做好防护，按照操作规程操作，尤其是注意有毒有害气体，以及易燃易爆气体的浓度，否则极易造成中毒、爆炸等事故。

二、案例介绍

长庆盛源公司是在甘肃省庆阳市注册的具有独立法人资格的公司。2005 年 3 月 29 日，该公司下属的基层队试油 171 队在西峰油田庄 58-21 井进行射孔、高能气体压裂施工过程中，因循环出口水笼带与储罐连接由壬丢失，操作工王某入罐进行捆绑作业，由于循环压力高，捆绑不牢，再次入罐捆绑时昏倒。两名同班作业人员发现后，佩戴过滤式防硫化氢面具，先后进入罐救人，并相继昏倒。经现场其他人员的全力抢救，将三人从罐内全部救出，送往医院，经抢救无效死亡。

该事故发生的原因如下：计量罐内因射孔、高能气体压裂产生的高浓度一氧化碳气体，造成违章进入计量罐内的三人中毒死亡；罐内管线连接由壬丢失，人员进入罐内进行捆绑作业；作业人员进入有限空间作业前未经许可，在没有对罐内的气体进行检测的情况下，擅自进入罐内进行作业；现场没有配备气体检测仪和正压呼吸器等设施；错误佩戴过滤式防硫化氢面具进行救人，造成事故扩大。

有毒区域的氧气占体积的 18%以下、有毒气体占总体积 2%以上的地方，各型过滤式防毒面具都不能起到防护作用。该公司风险识别评估不全面，对长期使用的高能气体压裂可能存在的一氧化碳中毒风险，没有进行全面的 HSE 风险评估，导致地质、工程设计无相关防护设计内容，更没有编制高能气体压裂安全操作规程；安全培训不到位，员工对应急知识掌握不扎实，关键时刻错误选用防毒面具入罐；基层干部违章指挥，副队长违反“大罐未经检查、允许，不准进入施工”的规定，违章指挥员工进罐作业。

三、思政点睛

同学们在进入密闭空间中施工必须做好检测和防护工作，穿戴好防护用具，保障好生命财产安全的前提下再进行施工作业；施工操作前必须了解施工作业会产生的风险，做好检测，做好防护，按照操作规章进行施工，养成良好的操作习惯，而不是为了省事，后悔一生；还应增强防范措施，有限空间作业前必须要对罐内气体含量进行全面检测，合格后方可进入，在进入有限空间或有毒有害场所进行应急抢救时，必须戴正压呼吸器；必须深入了解和掌握工艺、技术有关化学反应机理，有针对性地采取防范措施。

加强防范意识，严格遵守操作规范

课程 石油工程生产实习

教学知识点 设备吊装过程中的安全风险

案例教学目标 通过讲授井场简单常见的铺设钢板吊装作业事故，警示学生必须时刻加强防范意识，规范操作行为，杜绝违章操作，具有良好的安全意识和职业规范。

案例编写人 刘进祥

一、问题引入

为进入井场的车辆铺设钢板是油田施工前期准备工作的常见工作，非常简单而常见，但对于这种简单常见的工作如果不认真实施也容易发生事故。

二、案例介绍

2019 年 7 月 30 日 8 时 20 分，某井进井路需要铺设钢板，吕某接到单位调度通知后将工作安排给抽保班七班，并安排吊车配合完成铺设钢板任务。14 时 20 分，七班到达现场准备吊装作业。邵某和张某、韩某挂好吊装钢丝绳，固定后张某、韩某撤至安全区域，因四个吊点中其中一个吊点面积较小，为防止钢丝绳脱落，邵某右手扶在钢板吊点上待钢丝绳绷紧后再撤离。14 时 30 分，邵某示意吊车司机起吊钢板，此时作业队前来确定钢板铺设位置的车辆到达现场，邵某不经意回头时，起吊的钢板发生滑动与卡车厢板发生碰撞，致使邵某右手被挤伤。

该事故发生的原因如下：邵某手扶钢板吊点，起吊时钢板发生滑动，导致右手指被挤伤；现场未使用专用吊装工具，吊装过程中使用钢丝绳，固定效果不好，有脱落风险；操作人员安全意识薄弱，违规手扶吊物；操作人员风险意识较差，起吊过程中，注意力没有完全集中在操作上；安全教育培训不到位，操作人员没有按照起重操作规程操作；现场安全监督不到位，没有及时发现和制止违章作业行为，对潜在风险没有预判；日常管理不到位，对于钢板吊点存在的长短不一的情况，没有及时整改，形成隐患。针对这起事故的防范措施如下：在全矿范围内组织开展“举一反三、吸取事故教训”的案例分析，查找安全管理上的不足，查找生产过程中的薄弱环节，制定确保安全生产的具体措施；进一步组织员工学习岗位操作规程，规范员工操作行为，杜绝违章操作；完善各类施工作业的操作流程，加强岗位练兵，使员工熟练掌握操作规程的每一步操作内容；配备符合起重现场操作的吊装带、牵引绳等专用安全工具，减少操作风险；认真组织员工开展有针对性的作业前安全分析，做到干部员工熟知自己岗位工作中的风险，现场监护人必须要对操作人的每项操作进行提示确认，有效防控风险；加强监督检查和考核，日常安全检查做到不走过场，真正把安全工作切实落到实处。

三、思政点睛

油田生产过程中铺设钢板是非常常见的事情，也是比较容易的事情，即使如此，如果不认真对待仍然会对人员造成伤害。必须时刻加强防范意识，加强学习岗位操作规程，规范操作行为，杜绝违章操作；完善各类施工作业的操作流程，加强岗位练兵，熟练掌握操作规程的每一步操作内容。

传承铁人精神，做油田稳产的探路者

课程 石油工程Ⅰ（油藏工程）

教学知识点 油田持续稳产

案例教学目标 通过介绍油气田开发工程方向新时期铁人王启民的徒弟隋新光在油田进入特高含水后期积极组织技术人员潜心研究地质建模技术、精细挖潜剩余油、保障油田持续稳产的典型事迹，让同学们了解新时代铁人精神的传承，学习新时代铁人精神传承者刻苦钻研、勇于探索的科学态度和奉献精神。

案例编写人 傅程　曲国辉

一、问题引入

随着油田进入特高含水后期，油田持续稳产难度越来越大，技术上迫切需要在油田地质建模技术上狠下功夫，人员上迫切需要能够像铁人一样的能够为祖国石油事业奉献青春、贡献力量的石油精神传承人和探索者。毕业于东北石油大学的隋新光，是新时期铁人王启民的徒弟，是铁人精神的传承者和接班人之一，针对高含水后期油田存在的实际问题，他上下求索，成为了油田稳产的探路者。

二、案例介绍

随着油田开发进入特高含水期，油田水聚两驱并存，剩余油开发难度大，这些问题好似摆在油田地质人面前的一个个拦路虎。为了寻找解决问题的办法，隋新光组织技术人员反复进行研究和讨论，经过无数个日夜的潜心思考，他大胆提出利用多学科手段，进行精细挖潜的思路。隋新光建立了曲流河点坝体内部建筑结构方法，形成了地质建模技术，创新了曲流河点坝砂体内部非均质描述方法，解决了单一点坝砂体识别内部结构单元划分、沉积夹层空间展布规律预测等技术难题，为原油持续稳产提供了坚强的技术支撑。

在工作中，隋新光一直以“新时期铁人”王启民为榜样，实践着“我为祖国献石油”的理想。隋新光常说：“高科技是大庆油田的新希望，科技工作者要勇敢承担起这个责任，把深埋地下千米的石油最大限度地开采出来。”隋新光凭借这种信念，把全部精力投入制约油田开发的瓶颈问题攻关上，形成了包括聚驱方案优化设计、聚驱全过程跟踪调整技术、污水配注超高分子质量聚合物等 8 个方面 20 项具体研究成果配套技术。有一段时间，为了尽快完成科研项目，他连续 20 多天吃住在单位，天天晚上熬到深夜。一分耕耘，一分收获，他组织完成的“聚合物驱油工业化应用技术”获得了2008年度国家科技进步二等奖，使大庆油田的聚驱技术成为目前世界上规模最大、技术内容最丰富、最先进的聚驱技术，新增可采储量526万吨。该技术的成功研制为大庆油田“高水平、高效益、可持续发展”提供了可靠的理论指导和实际依据。

光阴荏苒，春华秋实，不懈追求，奋斗不止。面对永续辉煌的新征程，面对持续稳产的新挑战，隋新光深知责任重大，必须肩负使命，他带领攻关团队昂首阔步地行进在原油稳产再十年的征途中，为油田的基业长青贡献全部的光和热。伟大时代呼唤伟大精神，伟大事业更需榜样引领。“铁人精神”是中华民族精神的重要组成部分，是历久弥新、永不褪色的宝贵精神财富，是激励中华儿女拼搏奋进、担当作为、干事创业的强大精神动力。隋新光作为新时代铁人精神的传承者和接班人，他刻苦钻研、勇于探索的科学理念正是新时代铁人精神的集中体现，为全体师生树立了杰出的学习榜样。

王启民徒弟隋新光：“铁人”精神代代传

三、思政点睛

铁人王进喜是石油人的典型代表，他们吃苦耐劳、对工作认真负责、刻苦钻研、精益求精的态度以及高尚的爱国主义精神是石油行业精神的具体体现；新时期铁人王启民是科技兴油的典型代表；新时期铁人的徒弟隋新光（东北石油大学采油工程专业毕业生）作为铁人精神的传承者，正肩负使命，勇于创新，带领攻关团队昂首阔步地行进在原油稳产的征途中，为油田的基业长青贡献全部的光和热。他们都是我们一代一代石油工程专业学生学习的榜样。

牢记使命责任，倾力剩余油精准开发

课程 石油工程Ⅰ（油藏工程）

教学知识点 剩余油描述与挖潜

案例教学目标 通过介绍大庆油田于开春高级工程师的事迹，阐述剩余油描述方法和技术发展历程，强调“牢记使命责任，倾力油田精准开发”的职业担当和精准创新精神。引导学生自觉践行创新实践，培养富有创新力的毕业生。

案例编写人 张继成

一、问题引入

剩余油描述是有效挖潜剩余储量、高效稳产的关键。油田开发工作者，不断发展和完善剩余油描述方法和实现技术，尤其是在促进剩余油描述技术的方法集成化、计算机自动化方面，做出了卓越贡献。大庆石油学院95届毕业生于开春就通过自身的事迹践行了走自主创新之路、为油田贡献青春的不改初心。

二、案例介绍

于开春，黑龙江省讷河市人，1995年毕业于大庆石油学院油藏工程专业，工学博士。曾担任大庆油田第五采油厂地质大队副大队长、大队长，后任大庆油田油气田开发软件研发应用项目经理部副经理。

工作20多年来，她始终把服务油田精准开发作为崇高使命和责任，以科研人员特有的坚韧和执着，不断攻克科研难关，先后荣获大庆油田有限责任公司精细油藏描述及多学科研究优秀组织者、油田公司杰出员工、巾帼建功标兵等荣誉称号。先后负责完成省部级项目1项，油田公司级项目15项。撰写论文12篇，其中8篇在国家级刊物上发表。2002年大庆油田提出开展多学科集成化油藏研究工作，在没有任何成熟经验可以借鉴的情况下，她率先组织科研人员向这项很多人担心搞不出结果的新技术挑战。她大胆提出按沉积环境和沉积微相匹配相渗曲线的办法，有效提高了剩余油描述精度，促进了多学科油藏研究的进一步深化，这一技术很快在油田公司范围内推广。为提高地质认识精度、寻找剩余油富集区，她努力学习井震结合相关技术，与技术人员探讨井震结合构造建模方法，使断点组合率提高到98.1%，构造面深度误差控制在0.84‰以内，研究成果指导方案编制300口井，增加可采储量235.95万吨，累计产油350万吨。

为对油田开发建设50多年形成的先进开发技术和管理经验进行继承、保护、发展和增值，使知识型工作实现信息化、软件化，达到降低劳动强度、提高劳动效率、降低运行成本、提高开发水平的目的，2016年大庆油田成立了油气田开发专业软件研发应用项目经理部。作为项目部的副经理，她认真贯彻落实“数字油田、智能油田、智慧油田”三步走发展战略，以当好标杆旗帜为根本遵循，以让石油人用上大庆油田的专业软件为目标，全力推进专业软件研发应用，使得1个系统在油田全面应用、4个系统推广应用、5个系统正在进行软件编写、6个系统已完成技术有形化设计。

三、思政点睛

于开春高级工程师潜心工作，精准钻研多学科研究，致力发展和完善剩余油描述方法和实现技术，推动了多学科技术集成化和自动化，用实际行动践行“牢记使命责任，倾力油田精准开发”的职业担当，体现出了勇于探索、精准创新的科学研究精神。

牢记使命责任
倾力油田精准开发

扎根生产一线，献身石油摇篮

课程 石油工程Ⅰ（油藏工程）

教学知识点 油田开发方案实施

案例教学目标 通过介绍玉门油田赵遂亭高级工程师的事迹，强化学生对油田开发一线工作的认知，强调“扎根基层，献身石油”的奉献精神和精益求精、追求卓越的价值观。培养学生扎根基层、勇于奉献的精神，激发学生的爱国热情。

案例编写人 张继成

一、问题引入

油田开发方案是指导油田开发全过程的纲领性文件，其制定和实施涉及理论、计算、经济、管理等诸多工作。这里就以玉门油田赵遂亭高级工程师的成长历程，加强同学们对油田开发工作的全面认识和对价值观的深入理解。

二、案例介绍

赵遂亭，河南叶县人，1995年毕业于大庆石油学院开发系油藏工程专业，硕士研究生，高级工程师。先后担任玉门油田公司采油厂地质所副所长，老君庙油田作业区开发技术科科长、副经理，后任玉门油田公司老君庙采油厂（油矿）党委书记、纪委书记、工会主席兼副厂长（副矿长）。

大学毕业后，他秉承“艰苦创业，严谨治学”的校训，怀揣“我为祖国献石油”的理想，毅然选择了祖国广袤的大西北，扎根在被誉为“中国现代石油工业第一矿”的玉门油田老君庙，一干就是24年。2012年担任老君庙采油厂（油矿）党委书记后，他以高度的政治责任感和历史使命感，延承光荣，砥砺担当，持续筑牢企业发展的“根”和“魂”，实现党建工作与中心任务的深度融合；深挖石油精神时代内涵，依托全国重点文物保护单位老一井、中石油百面红旗单位603岗位、铁人王进喜首创钻机整体搬家765井等优势传统资源，积极打造党性教育红色名片；带头传承优良传统，弘扬摇篮文化，创新组织开展老君庙故事会、出彩石油人、摇篮之旅徒步健身等品牌活动，极大鼓舞了员工敬业爱岗的奋斗热情；有序开展了具有摇篮特色的“党字号”创建工程，如党员示范区、党员承诺践诺、最佳主题党日等活动，辐射带动基层生产经营业绩上台阶。老君庙采油厂党委先后荣获中国

铭记东油校训，献身石油摇篮

石油集团创先争优先进基层党委、创建“四好”领导班子先进集体、宣传思想文化工作先进集体，甘肃省“五一”劳动奖状。他先后荣获中国石油集团公司优秀党务工作者、玉门油田公司双文明先进个人、优秀领导干部、先进科技工作者等诸多荣誉称号，在各类刊物发表论文 10 余篇，国家专利 2 项，获得省部级科技与管理成果 8 项。

三、思政点睛

玉门油田赵遂亭高级工程师的事迹，既体现了油田开发一线工作者“扎根基层，献身石油”的奉献精神和精益求精、追求卓越的价值观，又显示出油气田开发工程管理的科学性和重要性。

科技报国，献身油气田开发事业

——记中国科学院院士童宪章

课程 石油工程Ⅰ（油藏工程）

教学知识点 动态分析的水驱规律曲线方法

案例教学目标 通过介绍童宪章院士的事迹，阐述油田开发动态分析中水驱规律曲线方法，强调了石油工程科学家为了祖国的石油事业无私奉献、无怨无悔的专业精神。用感人的事例激发学生的爱国热情，使学生懂得“锲而不舍，金石可镂”。

案例编写人 刘丽

一、问题引入

水驱油田的含水率是油田开发中受多因素影响的一个综合指标，它既能反映油层及原油物性对油层中油水运动规律的制约，也能反映开采过程中多种技术措施的效果。利用油田开采中的实际生产资料，分析认识含水规律，是目前矿场常用的动态分析方法之一。随着油田开发进入高含水阶段，需要油田开发工作者不断完善水驱规律曲线方法，准确预测油田开发动态。我们今天就来认识下这位中国石油界无人不知的泰斗——童宪章。

二、案例介绍

童宪章，1941 年毕业于中央大学（南京大学）物理系，北京石油勘探开发科学研究院高级工程师，石油工程学家，1991 年当选为中国科学院院士。他主持编制了我国第一个油田开发方案，初次采用注水开发技术获得成功。先后参加大庆、胜利、克拉玛依、河南等油田会战的开发工作，多年潜心于水驱油田开发生产规律与特征的研究，创立了水驱油田动态分析理论与方法——“童氏水驱曲线法”，在实践中得到广泛应用。

1945 年，童宪章赴美进修石油工程将近两年时间，他十分珍惜这难得的学习机会，从不放过每一次实习操作。当年美国西得克萨斯正在钻一口深井，为掌握其特殊的钻井、试油工艺，他在井场值班室住了半月之久，终于观察到“中途测试”的全过程，这是当时美国也很少应用的新工艺。

学成归国后，童宪章在玉门油田积极倡导引进国外先进石油工程技术并负责引进全套钻井装备和技术，使当时玉门油田的石油钻采工艺技术有了很大提高。他尤为注重国外先进的油田试井解释技术，以推动国内石油开采水平。他通过引进、学习国外先进石油工程技术，在国内油气田利用大量测试成果，从中收集各种统计信息，阐明石油、天然气在地下储层中的运动规律，进一步对油气井及注水井的生产状况做分析研究，提高了我国油气田生产管理水平。

依据产出油、气量多少及相对压力变化推测油藏特征并控制生产，是当时国外石油开发技术发展的新动向。20 世纪 50 年代，童宪章在玉门油田应用这种新技术，其后又在克拉玛依油田、大庆油田相继推广。应用新技术的测压解释结果证明：许多重要的产油区都是由不同压力系统的若干断块构成的。据此可以划出各断块的边界，作为制订开发方案、布置油气井网的重要依据。他曾用这种“压力分区法”证明玉门油田也存在不同原始压力分区的状况，澄清了许多过去在石油开发中难以解释的问题。

从玉门油田到克拉玛依油田，从青海油田到大庆油田，童宪章多年来潜心于水驱油田开发生产规律与特征的研究。他的研究工作从各主要油田基本特点出发，对油井生产状况进行数理统计，以阐明各类水驱油田开发中的一般规律与特征；从地下油气的动态分析入手，对动用储量与油藏潜力作出判断以预测生产趋势。

大庆石油会战开始以后，从 1959 年底起，童宪章多次去大庆，在大庆油田前期试采工作和开发方案的编制过程中发挥了重要作用。60 年代初的几年间，他长期在油田井场上奔波调研，加之刺肌透骨的风寒，两腿患了严重的脉管炎。在自然灾害严重的困难时期，他带病工作，参与完成了多年来心血结晶的技术理论——大庆高产稳产注水开发技术，荣获国家级科技进步特等奖。

70 年代末，当时全国原油生产出现了较严峻的局面：“不能保持稳产，递减将不可避免”的问题被尖锐地提了出来，而且个别油田已出现了产量显著减少的现象。在这种形势下，童宪章出席了重要的决策研讨会，应用“童式定理”算出的储量比传统方法高得多。计算结果表明，某些主要油田开发刚刚进入中期！只要相应的增产措施搞上去，保持稳产应该没有太大的困难。经领导部门慎重研究、评估后，几个主力油田都采取了稳妥、有效的增产措施，从而扭转了被动局面。十几年过去了，这些油田尚未出现产量明显减产现象。

“文化大革命”后期，胜利采油厂地质所一间简陋的平房，曾经是他的办公室。六年的寒暑，他为地质所的同事及慕名而来的采油队技术人员细心讲解过“油井动态分析”理论和一个个典型方法，并带领他们到现场做测算和验证。那本荣获 1982 年全国优秀科技图书一等奖的著作《油井产状及油藏动态分析》，就是他独坐斗室于逆境中完成初稿的。转眼 20 多年过去了，当年向他求教的年轻人已成为各个重要技术岗位的骨干。油藏动态分析的“童氏定理”，已在各油田推广应用，成为油田开发工作者手中的有效工具。童宪章遵循“科学研究必须紧密联系生产实际并使之尽快地转化为生产力”的原则并身体力行。1994 年，已 76 岁高龄的他，应邀前往胜利油田讲学，仍然在推广油藏动态分析技术。

三、思政点睛

童宪章院士在为石油科学技术发展奋斗的数十年中，不仅培养了一批博士、硕士研究生，而且利用各种机会言传身教，把一批又一批现场的技术人员和工人培养成工程技术骨干。他通过著书立说，现场推广，使科研成果应用于油田开发，转化为生产力。同时更是用实际行动向世人展示了热爱祖国、热爱石油的高贵品质，体现出了一代石油工程学家为了祖国的石油事业无私奉献、无怨无悔的专业精神。

依靠新思路新技术，投身科技创新

课程 石油工程Ⅰ（油藏工程）

教学知识点 采收率与井网密度的经验公式

案例教学目标 通过介绍中国石油天然气集团公司石油勘探开发研究院齐与峰高级工程师的事迹，阐述油田开发井网部署中预测采收率的经验方法，强调“新思路与新技术是科技创新的来源”。激发学生走自主创新之路的热情，培养学生吸取国内外的先进技术和理论并为我所用的创新理念。

案例编写人 刘丽

一、问题引入

油田开发的中心环节就是分层系部署生产井网，并使井网井距合理、对油砂体的控制合理，达到所要求的生产能力。油田开发的技术效果和经济效果很大程度上取决于所部署的井网。油田开发工作者需要不断完善预测方法，为油田合理有效布设井网做出自己的贡献。今天就来认识一位走自主创新之路的石油人——齐与峰，看看他是怎么走出科技创新之路的。

二、案例介绍

齐与峰，1953 年毕业于清华大学石油工程系，教授级高级工程师，中共党员。曾任大庆油田开发院流体力学室主任工程师，后任中国石油天然气集团公司石油勘探开发科学研究院油田开发所渗流力学室、新方法研究室主任。

20 世纪 60—70 年代，从事渗流力学在油田开发中应用方面的研究，并参与油田开发方案编制等工作。作为项目主要负责人之一，曾获多项科研成果奖，其中“早期内部注水保持油层压力的油田开发”于 1977 年获全国科学大会奖；“渗流力学计算方法在大庆油田的应用”等 3 个项目，获黑龙江省科学大会奖。

20 世纪 80 年代，齐与峰多次赴法国、美国进修、访问、研究。受法国“信息与自动化”学术思想影响，他开始从事将运筹学及控制论应用于渗流力学方面的研究，提出了将大系统建模和优化的理论应用于油气田开发设计、规划、决策、政策的研究方向；将系统辨识理论应用于加深对油气藏认识，旨在解决一些难以取得直接资料、难以认识的复杂问题；提出了用过程控制理论提高油田采收率及经济效益等方向，取得了大量创新性研究成果。

他先后在《石油学报》等期刊上发表论文，并有多篇论文被美国、俄罗斯、日本等国杂志发表或转载；“油田开发总体设计最优控制法”获中国石油天然气总公司科技成果进步二等奖和国家优秀成果奖；“砂岩油田注水开发中后期稳产规划自适应模型及推广应用”获中国石油天然气总公司科技成果进步二等奖。

三、思政点睛

齐与峰高级工程师潜心工作，精准钻研，思想开阔，致力于把新的方法和理论与油田开发相结合，致力于发展和完善油田开发渗流力学理论，用实际行动告诉我们“新思路与新技术是科技创新的来源”，体现出了科学创新的研究精神。

献身油田科技，创造开发奇迹

——记大庆油田“新时期铁人”王启民

课程 石油工程Ⅰ（油藏工程）

教学知识点 采油速度和稳产期

案例教学目标 通过介绍大庆油田“新时期铁人”王启民的事迹，强化学生对油田开发中采油速度和稳产期的认知，强调“用科技创造油田开发奇迹”的热爱石油、扎根油田生产科研第一线的无私奉献精神和爱国主义精神，让学生理解新时期铁人精神的新内涵。

案例编写人 刘丽

一、问题引入

采油速度，代表一个油田的生产规模。油田开发必须以较高的采油速度生产，但同时又必须立足于油田的地质开发条件、采油工艺技术水平以及开发的经济效益。总体原则是使大部分可采储量在稳产期内采出。以大庆油田“新时期铁人”王启民为代表的科研先锋们带领大庆油田实现了保持5000万吨年产量27年的油田开发奇迹为例，引导学生领会油田要实现高产稳产离不开科技力量的支持，更离不开扎实投身油田生产科研一线的长期奋斗和付出。

二、案例介绍

王启民，男，汉族，中共党员，1937年9月出生，浙江湖州人，1961年毕业于北京石油学院，1978年入党。曾任松辽石油管理局地质指挥所开发室、动态室实习员、技术员。1964年5月后，任大庆石油管理局大庆油田开发研究院动态室、综合室、开发室技术员，

最美奋斗者

大庆油田科学研究设计院开发室、开发所地质师、副主任。1978年6月加入中国共产党。1984年2月后，任大庆石油管理勘探开发研究院副总地质师、副总工程师。1990年任黑龙江省石油学会油藏工程学会理事。1992年3月任大庆石油管理局勘探开发研究院副院长。1996年8月任大庆石油管理局勘探开发研究院院长。中共第十五届中央候补委员。他先后主持参与了大庆油田实现稳产高产的八项重大开发试验项目，参加并组织了40多项科研攻关课题和大庆油田“七五”“八五”“九五”开发规划编制研究等工作，多次获国家科技进步奖。1997年1月被中国石油天然气总公司党组授予“新时期铁人”荣誉称号。2009年9月14日，被评为100位新中国成立以来感动中国人物之一。2018年12月18日，党中央、国务院授予王

启民同志改革先锋称号，颁授改革先锋奖章，并获评“科技兴油保稳产的大庆‘新铁人’”。2019 年 9 月 17 日，国家主席习近平签署主席令，授予王启民“人民楷模”国家荣誉称号。2019 年 9 月 26 日，在大庆油田发现 60 周年庆祝大会上，王启民受邀发言。

1961 年，王启民怀着一腔献身祖国石油事业的热血，来到“荒原一片篝火红”的大庆油田会战工地，开始了攀登油田开发科技高峰的艰辛征程。当时，油田正处于极端艰难的创业时期。有外国专家断言：像大庆含蜡这么高的油田，中国人根本没能力开发。刚刚分到油田地质指挥所的王启民，内心受到极大震动。在铁人王进喜“宁可少活二十年，拼命也要拿下大油田”钢铁誓言的激励下，他和所里几个同志写下了一副气势豪迈的对联：“莫看毛头小伙子，敢笑天下第一流”，横批为“闯将在此”。他们还特意将“闯”字中的“马”字写得大大的，突破了门框。王启民说：“我们就是要靠自己的力量，闯出中国自己的油田开发之路！”

为了解决这个重大难题，王启民决心在实践中找答案。他一头扎进井场，吃住在阴冷潮湿的帐篷里，与现场工人、技术人员一起取资料，搞分析，进行实验。由于环境的恶劣，他患了类风湿僵直性脊椎炎，疼得走路都直不起腰来。在这种情况下，他不顾同志们的劝阻，硬是咬紧牙关忍着疼痛，不离井场，以严细认真的态度，在取全取准每份资料和每个数据基础上，认真进行室内实验和系统分析。通过他的艰苦努力，终于找到了问题的答案。在一次油田技术座谈会上，他对当时油田开发的主要理论——温和注水，提出了质疑。他胸有成竹地说：“这里每口井都有数十个油层，每个油层厚薄相差很大，各层吸水多少也不同，呈典型的非均质特点，要人为达到注入水都均衡推进是违反客观规律的”。他还形象地说：“原油层就像大个子运动员，体力好，跑得快；薄油层、差油层就像体力差、跑得慢的小个子运动员。要想让他们齐头并进，必然事倍功半。应该能快则快，该慢则慢。”这就是“因势利导，逐步强化，转移接替”的注采方法。他的科学分析受到油田领导的赞扬，并让他带领一个小组进行大胆试验。

试验小组在王启民的带领下，选择了一口含水率已达 60% 的油井进行试验。奇迹出现了：该井日产量由原来的 30 多吨猛增到 60 多吨，而含水率则下降了。油田推广他们的经验，培养出 300 多口日产百吨以上的高产井。从而打破了国外“温和注水、均衡开采”的传统观念，创出了大庆油田中低含水阶段保持油田稳产的路子，大长了中国人的志气。

王启民认为，要使油田持续高产稳产，必须有一整套油田开发方法及配套的工艺技术做保证。为此，从 1970 年开始，他率队到中区西部进行长达 10 年的接替稳产试验。3000 多个日夜，他和工人们一道施工作业，逐井取样化验，分析数据，经常一干就是一个通宵。夏夜，蚊虫成群，一巴掌打在身上，满身是血点。冬季，帐篷里结满了冰，冻得人们筛糠般打冷颤。王启民 10 年前在野外作业时落下的风湿病逐渐加重，发作时疼得额头直冒虚汗，虽然整天“罗锅”着腰，却连自己的鞋带都系不上。有一段时间，风湿病转移到眼睛上，引起虹膜炎，两只眼球血红血红的。大家劝他回去养病，他却说：“我是组长，最了解试验方案和进展情况，怎么能走呢？”他的妻子陈宝玲心疼他的身体，一次悄悄地协商好调他去北京工作，可他却在商调函上写上“本人不同意”。妻子气得要和他离婚，他却说：“那里有大油田吗？要走你走，我不走。”

1985 年，大庆油田实现第一个 10 年稳产目标后，又提出一个更富挑战性的目标——再稳产 10 年，向世界油田开发高水平迈进。按一般规律，每个油田勘探开发都有上产、稳产、减产三个阶段。就世界同类油田而言，稳产期最长 12 年，短的只有 3 年至 5 年。让大庆再稳产10年，可以说是奇迹，难度不言而喻。

王启民是科技界的楷模，从他身上，不仅看到了“铁人”的顽强拼搏精神，更体现了“科学技术是第一生产力”这一光辉思想，他处处以国家和人民的利益为重、毫无自私自利之心的精神值得我们每个人学习。正如毛泽东同志在《纪念白求恩》一文中所说的那样：“一个人的能力有大小，但只要有这点精神就是一个高尚的人，一个纯粹的人，一个有道德的人，一个脱离了低级趣味的人，一个有益于人民的人”。王启民就是这样的一个人。

三、思政点睛

王启民一直在大庆油田从事地质开发研究工作。他深入实际，扎根油田，用大庆精神和铁人精神从事科学研究，创造出辉煌业绩，令广大知识分子特别是科技界深受鼓舞。在当今生产力发展越来越依赖于科技进步的新形势下，王启民所代表的新时期铁人精神有它更新更深的时代内涵。我们要学习他把国家与人民的利益置于最高位置，艰苦奋斗、克己奉公，一丝不苟、精益求精，脚踏实地，敢于挑战权威。他用创新的思想诠释了新时期的铁人精神，实现了原油稳产，创造了世界奇迹。

不懈拼搏不断超越，砥志研思找水治水

课程 石油工程Ⅰ（油藏工程）

教学知识点 剩余油研究

案例教学目标 通过介绍郭军辉的事迹及剩余油小层动用状况预测方法研究历程，弘扬“大庆精神、铁人精神”，激励优秀青年们不懈拼搏、不断超越，奋斗在石油领域的第一线，成为油田可持续发展的生力军。

案例编写人 吴景春

一、问题引入

找油和找水是油田开发的两个方面。油田进入特高含水后期开发阶段，地下的剩余油分布更加零散，仅仅找到剩余油在哪儿还不能保证油田的开发效果，还必须找到高含水的来源。找水，成了所有高含水老油田必须面对的难题。为了解决这一难题，国内各大油田的专家都进行了长期不懈的研究。他们提出的解决方案，多是基于监测资料的一种定性识别，评价结果不能量化。

二、案例介绍

郭军辉，时任大庆油田有限责任公司勘探开发研究院开发研究一室项目长，首批入选中国石油天然气集团公司青年科技英才培养工程、黑龙江省“青年五四奖章”获得者。

郭军辉深陷在找到油田高含水的来源这道难题里，他一直在寻找突破口，想要闯出一条新路。琢磨好久，他大胆质疑——基于监测资料的定性识别，不足以撑起评价结果，评价结果不能量化，不具备指导意义。

郭军辉对新技术一直持积极态度，但他有自己的思考。容量阻力模型是国际上近几年提出的注采连通性的定量评价新技术，他在跟踪时发现，预先不知道哪些井有联系，需要对所有井同时分析，可是国内外专家在应用该技术时，都不约而同地集中到几十口井的小区块研究。

美丽的加拿大滑铁卢市安静整洁，很适合静下心来学习。郭军辉利用公司委派到滑铁卢大学访问学习的机会，一头扎到滑铁卢大学图书馆里。馆藏一流的图书资源，让他惊喜不已。他边研读边记笔记，把问题分类、提出疑问，并寻找答案。令他兴奋的是，在这里能够有机会和论文或书籍的作者见面。他就自己的疑问和作答与作者做了进一步探讨，犹如喝到甘甜的泉水，沁人心脾，让他有了很多新的思考。他把容量阻力模型的研究当作访问课题，与指导教授不断探讨，完善容量阻力模型的技术方案终于初见端倪。

这段时间，郭军辉错过了很多风景，但在技术的大海中找到了航标。他婉拒了滑铁卢大学教授的读博邀请，面对高额的奖学金也不为所动。他的心思始终放在大庆油田高含水的找水、治水的突破上。

朋友问他："你们搞的这个研究，难不难?"他说："不是难不难的问题，而是有没有信心的问题。"记得刚参加工作不久，总地质师杜庆龙指导开展了"剩余油小层动用状况预测方法的研究"，国内外许多专家都没想出更好的办法，他却想试试自己的能力。

七个月，好像风一吹就过了。一天夜里，他在家中仔细研究注采连通关系图，"流线是不能相交的"这句话在脑海里反复闪现，突然，他有个想法，如果牺牲掉一部分精度，将计算方法简化，或许有新的发现。他用笔在图纸上画了几遍，效果竟和预想的一致，他有些不敢相信自己的眼睛。第二天一到单位，他便向导师汇报了自己的发现，而后着手进行程序源代码编写。不知道又经过多少次绘图分析和对比试算，最终提出了基于渗流规律的单砂体注采关系定量自动评价技术，开启了多套开发层系、复杂井网条件下非均质储层注采关系评价的新篇章。

青年英才耀龙江

从此，他推开了创新大门，对自己的能力有了清晰的认识。他将学习钻研变为习惯，到点不做不舒服。这次对于油田高含水来源的研究，耗时两年，他就是想再次掂量一下自己。与会专家听完题目为《特高含水期低效无效循环识别及治理技术》的汇报，给予他极高评价。郭军辉也很兴奋，这说明，他的研究成果能够很快进入实践领域，离他找到老油田高含水的来源，实现治水的梦想更接近了一步。

面对看不见摸不着的地下剩余油，郭军辉总想去看一看、摸一摸，他喜欢琢磨那些难题。他常说，难题又不是老虎屁股，即使是，在难题面前，既要当敲山人，更要当武松。

三、思政点睛

对于肯钻研的人，多么高的山都要攀登，对于打虎的人，任何难题都是纸老虎，郭军辉这种奋斗在石油领域的第一线，不懈拼搏、不断超越的精神，值得我们永远学习。

高瞻远瞩，倾力低渗透油气田开发

——记中国工程院胡文瑞院士

课程 石油工程Ⅰ（油藏工程）

教学知识点 低渗透油田开发

案例教学目标 通过介绍胡文瑞院士高瞻远瞩，倾力低渗透油气田开发所取得的巨大成就，激发学生科技报国的家国情怀和使命担当，引导学生为石油行业的可持续发展做好准备。

案例编写人 张继红

一、问题引入

长庆油田是典型的低渗透油气田，也是中国石油近年来增长幅度最快的油气田，经过50年的发展，长庆油田已成为我国油气的重要接替区，也是我国最大的天然气生产基地，2020年长庆油田油气当量有望突破6000万吨。在长庆低渗透油气田的勘探开发过程中，中国工程院胡文瑞院士起到了至关重要的作用。

二、案例介绍

胡文瑞，1950年生，男，汉族，中共党员，甘肃平凉人，毕业于大庆石油学院（现东北石油大学），教授级高级工程师，博士生导师，国务院特殊津贴专家，2011年当选为中国工程院院士，现任中国工程院主席团成员，工程管理学部主任。

胡文瑞1969年在玉门石油管理局参加工作，1970年调长庆石油会战指挥部，历任指挥部生产办公室副主任等职，1980年大庆石油学院学习，1983年任长庆石油勘探局采油二厂厂长，1989年任长庆石油勘探局副局长、常务副局长、局长，1999年任中国石油长庆油田公司总经理，2003年任中国石油勘探生产分公司总经理，2005—2008年任中国石油天然气股份公司副总裁。中共第十六届全国代表大会代表，全国人大代表，全国五一劳动奖章获得者。

长期从事非常规低渗透油气田勘探开发和工程管理工作，曾获国家科技进步一等奖、二等奖各1项，国家一等企业管理现代化创新成果奖1项、二等奖2项，国家优秀设计金奖1项，省部级科技进步特等奖4项。出版专著《宏观引导法概论》《全控网络管理论》《现代企业管理方法论》《鄂尔多斯盆地油气勘探可否理论与技术》《低渗透油气田概论（上册）》

等5部，发表论文57篇。长期工作在油气田一线，主持建成了我国首个大型特低渗透的安塞油田，主持发现了中国唯一超万亿立方米的苏里格气田；创立了非常规低渗透油气田勘探开发的技术体系和工程建设模式、管理理论、工作程序与方法；提出并组织了中国石油十项重大开发技术试验和老油田“二次开发”工程，对长庆油田和中国石油储量、产量快速增长起了关键作用，使我国非常规油气资源开发走在了世界前列。

2018年，胡文瑞院士的新书《重新发现石油——石油将缓慢地失去青睐度》正式出版。该书以全新视野，从世界石油史上的两个重要人物谈起，讲述了影响中国石油发展的三件大事，阐述了当代和目前全球石油行业的四大“现实与存在”，论述了油气勘探开发正在出现的“颠覆与转变”，进而研究论证了六个方面的石油新认识，讨论了当前石油及能源行业的热点和趋向，最后提出了中国如何应对石油变化的八方面对策。该书重新发现了石油出现的新变化、新趋势、新认识，开辟了石油可持续发展的新天地。

三、思政点睛

胡文瑞院士是东北石油大学特聘院士，是东北石油大学的杰出校友。胡文瑞院士为长庆油田和中国石油储量、产量快速增长作出了卓越的贡献，我们要学习胡院士这种科技报国的家国情怀和使命担当，为应对未来石油行业可持续发展挑战时刻准备着。

不问出处终身学习，刻苦钻研超越自我

课程 石油工程Ⅰ（油藏工程）

教学知识点 剩余油研究

案例教学目标 通过介绍杜庆龙自我学习、终身学习的成长历程，弘扬这种超越自我和锲而不舍的钻研精神。向学生树立“英雄不论出处”的思想，明确只有顽强拼搏和刻苦钻研才能成就一番事业。

案例编写人 吴景春

一、问题引入

大庆油田经过40多年的开发，地下还有多少油？怎么能计算出这个“家底”？这个涉及综合学科技术的世界级难题，被一个曾经仅有技校学历、后来成为博士的年轻人攻克，他创造的“剩余油描述”和“神经网络识别”技术，就像安装在地层深处的“雷达”，锁定了“行踪诡秘”的剩余油，攻克这项技术的就是大庆油田勘探开发研究院的杜庆龙。下面我们就来认识一下这位自学成才的石油人吧。

二、案例介绍

从技校生到博士生，从普通石油工人到剩余油研究专家，杜庆龙未曾停止自我的超越。“我国石油进口依存度已突破国际警戒线50%，大庆油田绝不能倒下。”在大庆油田勘探开发研究院办公室内，副总工程师杜庆龙道出了超越的动因——压力。井无压力不出油，人无压力轻飘飘。3岁时父亲在油田会战中去世，命运的不公，强加给杜庆龙挑战生活的勇气，同时连通了杜庆龙与大庆油田的血脉。

母亲挣的工资少，弟弟要上学，为了减轻家庭经济负担，年仅18岁的杜庆龙1984年就参加工作成为采油工人。自学英语、物理、石油地质等课程，杜庆龙先后考取大庆职工大学、中国石油大学硕士研究生、中国科学院博士研究生，实现人生“三连跳”。杜庆龙婉言谢绝导师的挽留，回到父亲为之献出生命的大庆油田——这是他又一次自我超越的开始。

此时的大庆，到了高含水后期和特高含水期，油田开发必须“认识剩余油，开采剩余油”。“上天难入地更难”，这句话形象描述了地下的复杂情况和原油开采难度。以往对于薄差油层剩余油预测，精度不到60%，何况经过半个世纪注水开发，大庆油田地下剩余油高度零散。这是一项无人敢接的研究，杜庆龙接了。自学能力超强的他，决定再一次向自己

“下战书”。

从50年前洗刷“中国贫油”的屈辱，到铁人王进喜的“有条件要上，没有条件创造条件也要上”；从“莫看毛头小伙子，敢笑天下第一流”，到“大庆油田绝不能倒下”。一代代大庆人，把油田装在心间，向自己宣战。杜庆龙把时间泡在试验室里，没有节假日，没有白天黑夜，饿了，就以方便面充饥，值班的师傅甚至戏称他“康师傅”。

“我找爸爸比爸爸找油都难”，杜庆龙的儿子一肚子埋怨。科研就是在消耗心血，这在大庆人看来早已稀松平常。但是，科研中的创新点，往往要打破人们的固有逻辑，这常常让科研者招惹是非。杜庆龙不止一次陷入这样的苦恼中。

通过多年攻关研究，杜庆龙在大庆首次建立了神经网络单井点剩余油识别方法，提高工效近百倍，填补了大庆油田单井点剩余油预测空白。他开展的单砂体注采关系和小层动用状况定量评价方法研究，实现了剩余油从计算机半定量自动识别到定量化、标准化、自动化识别的飞跃，仅此一项就创造效益上亿元。

三、思政点睛

杜庆龙这种在遇到困难时敢想、敢做、敢拼态度，以及能够在繁重的工作中不断学习、超越自我和锲而不舍的钻研精神，是新时期大庆精神、铁人精神的典型体现，也是大美石油人的典型践行者。

破译地下流体密码，走自主创新研发之路

课程 油藏数值模拟

教学知识点 油藏数值模拟软件

案例教学目标 通过介绍大庆油田勘探开发研究院原副总工程师赵国忠及其团队自主研发百万节点数值模拟技术的典型事迹，让同学们了解我国油藏数值模拟技术的研究历程，使同学们认识到“耐得住寂寞，坐得住冷板凳”的攻关精神是石油工程师应当具备的基本素质。

案例编写人 杨钊　曲国辉

一、问题引入

油藏数值模拟是随着电子计算机的出现而逐渐发展起来的一门利用计算机求解油藏数学模型，模拟地下油水流动，给出某时刻油水分布，以预测油藏动态的技术，目前在国内外都取得了迅速的发展和广泛的应用。但在20世纪90年代末，面对国内没有适合自己油田的油藏数值模拟软件的难题，大庆油田勘探开发研究院原副总工程师赵国忠，坚定自主创新之路，用实际行动破译了地下流体的密码，创造了国际领先的技术，成为了无数油田科研工作者的前进标杆。

二、案例介绍

计算机语言是用有线数字排列出的无限空间，油气藏工程是用抽象的思维对地下规律的理性论述。来自大庆油田勘探开发研究院的赵国忠，用他烈火般澎湃的激情与流星般灵动的智慧，为两个截然不同的世界搭建了一座沟通的桥梁。

赵国忠，1962年生，中共党员，教授级高级工程师，1986年毕业于北京大学力学系，1994年获吉林大学计算数学研究所理学硕士学位，曾任大庆油田勘探开发研究院副总工程师。主要从事油藏数值模拟和数模软件开发工作，先后获油田公司功勋员工、油田公司优秀共产党员标兵等荣誉称号，2002年获油田公司技术创新突出贡献奖。

20世纪90年代末，当时全国还没有一个百万节点的并行油藏数值模拟软件，因为并行软件开发在人们心中就意味着尖端科技，如同制造飞机导弹一样高不可攀，面对油田生产的实际需求，赵国忠暗下决心一定要尽快实现这个跨越。

在各级领导的支持和鼓励下，赵国忠带着团队开始了自主并行模拟技术的探索。要自主

研发百万节点的数值模拟技术就必须攻克机群硬件系统构建和并行油藏模拟软件这两大技术难关，赵国忠夜以继日地进行科研工作并四处登门请教，在自主研发的道路上越挫越勇。

在那段攻关的时间里，赵国忠每天都是早上第一个到机房，晚上最后一个离开。为了取得科学的数据和最佳的效果，赵国忠及其团队不断修改参数，反复试验，空调和大型计算机运行起来嗡嗡作响，让人心烦意乱，但赵国忠陶醉在数字世界里自得其乐，连续工作三天而不自知。2000 年，赵国忠及其团队将引进软件和自主研制软件联合使用，实现了两个区块的历史拟合及动态预测，组装完成了国内首套双 CPU 微机机群，在全国首次实现了百万节点数值模拟。这一划时代的突破，使大庆油田油藏数值模拟技术跃居全国领先水平。

机群硬件系统构建成功了，可并行油藏模拟软件还有待解决，赵国忠及其团队通宵达旦地编写程序、查数据、商量对策，编写程序是件苦差事，经历的失败难以计数，但赵国忠却说要做就要做到最好，要拿出最优的技术方案来。

就是靠着这种执著，他们编出了具有自主知识产权的并行油藏模拟软件并取得了国家版权许可证。在清华大学举办的背对背软件测试中，赵国忠及其团队研制的并行模拟软件在总体性能上优于国外其他公司。喜讯传来，大庆沸腾了，赵国忠激动地说："只要突破心中的极限，还有什么能难倒我们!"

为了把百万节点数值模拟技术尽快地应用推广，使老区探井多出油出好油，赵国忠及其团队根据现场需求进行了软件的调试调整，并推广应用到研究院和采油厂，至今已累计为油田节省资金上亿元。

在荣誉和成绩面前赵国忠并没有丝毫懈怠。近年来，针对特高含水期剩余油日趋零散、产量递减加快等突出的开发问题，他带领团队全面推广了以沉积相控制、三维地质建模和并行油藏数值模拟为核心的多学科集成化油藏研究技术，解决了油田开发领域的精细地质再认识、剩余油细化量化、开发效果评价等瓶颈问题，促进了水驱技术的更新换代。他还培养了上百名技术骨干，推出技术标准和规范 4 项，推动了油藏管理模式的创新。他为计算机和油藏工程两个不同的世界搭桥铺路，让地下纷繁的流体分布得到更加精确和直观的展示。

三、思政点睛

自主创新是油田发展的永恒主题，作为未来的石油工程师，应当具备这种"耐得住寂寞，坐得住冷板凳"的精神，才能走出中国人自己的知识创新之路。作为新时代的石油人，我们要传承老一辈石油人自主创新的意识，为新时代的中国添砖加瓦，我们更要以勇于创新为精神指导、探索和研制出更加先进的技术和设备，为祖国创造出更加美好的明天!

勇于创新，“匡”扶社稷

——记油藏数值模拟技术的开拓者韩大匡院士

课程 油藏数值模拟

教学知识点 数值模拟发展概况

案例教学目标 通过介绍韩大匡院士在我国油藏数值模拟技术发展中所做的工作及突出贡献，激发学生勇于自主创新、献身石油的热情和使命感。

案例编写人 梁爽

一、问题引入

在 2017 年 8 月 24 日召开的第十四届全国渗流力学大会暨之江科学论坛上，中国工程院院士韩大匡所作的题为“缝洞型碳酸盐油藏多尺度一体化数值模拟”的精彩报告引起了与会专家的强烈反响。海相碳酸盐高效开发是我国油气产量新的增长领域，作为实现其高效开发的必要技术手段，这类油藏的数值模拟技术显得尤为关键。韩大匡院士团队已经成功求解了相关方程问题，希望通过此次会议能够引起各方关注，共同发展这项技术。下面我们就来认识一下这位高瞻远瞩的中国油藏数值模拟技术开拓者——韩大匡院士。

二、案例介绍

韩大匡院士 1932 年 11 月 26 日出生于上海市，1952 年毕业于清华大学采矿系石油专业。曾任北京石油学院石油开发系副主任兼油田开发研究室主任，中国石油勘探开发研究院副院长、总工程师，石油工业部科技委员会油田开发组长等。现任中国石油勘探开发研究院教授级高级工程师、博士研究生导师。六十余年来一直从事油气田开发工程方面的研究工作，包括油藏工程的综合性和战略性研究、油藏数值模拟技术和提高石油采收率技术等，2001 年当选为中国工程院院士。

油藏数值模拟技术诞生于 1953 年，G. H. Bruce 和 D. W. Peaceman 模拟了一维气相不稳定径向和线性流；1954 年，W. J. West 和 W. W. Garvin 模拟了油藏不稳定两相流。作为中国油藏数值模拟技术的开拓者，韩大匡院士 20 世纪 60 年代初开始针对油水两相渗流问题的计算方法开展研究，以石油工业部渗流力学协调组长的身份，开拓性地推动了我国石油领域渗流力学和油藏数值模拟研究工作。油藏数值模拟，指的是利用计算机求解油藏数学模型，模拟地下油水流动，给出某个时刻的油水分布，再来预测油藏的动态。从事油藏数值模拟的人都记得，韩大匡院士这样解释这个新的技术名词：“一般人可能觉得，地底下有个湖，或者有条河，挖挖打打，石油就出来了，实际上没有这么简单。地下储油层有砂岩，还有石灰岩，里面藏着很多很小的、肉眼根本看不到的孔隙。在岩石里面，原油是很复杂的一种流态，就在岩石的小孔隙里面渗透着、流动着。而且，岩石是不均质的，有些地方致密一点，有些地方疏松一点。岩石里面的小孔隙呢，本身也很复杂，有大有小，也非常不均匀。要描述岩石中原油复杂多样的流态，就要正确地建立渗流的数学方程。为了表现岩石的严重非均质性，就要靠数值算法来求解，它能把油藏分成很多的网格块，每一块，都可以赋予岩石不同的参数，然后来计算里面原油的渗流情况。这种非常复杂的计算过程，就称为'油藏数值模拟'，能帮助人们采出尽可能多的原油。"也正是韩院士对新技术深入浅出的描述，引领着一批又一批石油工作者对该领域进行不断探索。

韩大匡院士带领的研究集体在油藏数值模拟技术研究领域取得了丰硕的科研成果。作为国内油藏数值模拟领域开拓者，团队取得的研究成果"非均质亲油砂岩油层内油水运动规律的数值模拟研究"获得石油工业部科技进步一等奖。"七五"期间他主持了国家重点科技攻关项目"油藏数值模拟技术"，这个项目一共研制了符合我国油藏类型的多功能模型等 46 个模型和专用模块，形成了适用于砂岩、碳酸盐岩等四种主要油气藏的配套软件系列，总体上达到了国际 80 年代水平。截至 1991 年，已在总储量约 9 亿吨的 180 个油田、区块上应用这些软件，其中经过财务核算的部分，油田增产原油额已达 544 万吨，折合人民币约 10 亿元，为我国这项技术的进一步发展奠定了基础，获得国家科技进步二等奖，其子课题"油藏模拟新技术"获中国石油天然气总公司科技进步一等奖。韩大匡院士主持开展的并行化数值模拟软件的研制工作，2000 年获中国石油天然气集团公司技术创新二等奖。在繁忙的教学科研工作之余，韩大匡院士勤于学术、著作颇丰，先后出版了《油藏数值模拟基础》《多层砂岩油藏开发模式》等著作 5 部、译著 1 部，在国内外发表论文、编写成果报告 60 余篇。其中《油藏数值模拟基础》成为油藏数值模拟的经典书籍。

三、思政点睛

韩大匡院士说过："在国难当头、江山沦陷的时候，我的父亲把忧国之情和对下一代的期望凝聚在了我的名字上。我的名字主要含义在'匡'字上，这个字从字形看大体是'国'字去掉了右边的一竖，象征着东北沦丧，隐含着毋忘国耻的意思；另一个带有积极期望的含义，就是希望我长大后能够'匡'扶社稷，对国家和社会能有所贡献。"韩大匡院士始终不忘父辈的期望，他与我国石油工业风雨同行，心怀祖国、治学严谨、勇于创新，立德树人，为我国油田开发事业的发展和新生力量的成长做出了突出的贡献。

作为未来的石油工作者，我们要向老一辈石油人学习，坚定理想信念、练就过硬本领、勇于创新创造、矢志艰苦奋斗，为国家能源建设的全面发展奉献智慧和力量，用自身的成长历程、精神追求、模范行动为社会作好表率，努力开辟人生新的境界。

勇于探索，自主创新，做“三超”精神的代言人

课程 油藏数值模拟

教学知识点 化学驱油数值模拟软件

案例教学目标 通过介绍大庆油田勘探开发研究院陈国的事迹及化学驱油数值模拟软件的研发历程，弘扬超越权威、超越前人、超越自我的“三超”精神。

案例编写人 杨钊

一、问题引入

大庆油田建成了世界上规模最大的化学驱油技术研发和生产基地，而目前国外商业化化学驱数值模拟软件不仅引进成本昂贵，而且也不能满足大庆油田快速发展的化学驱油技术的需要，因此亟需研制具有自主知识产权的化学驱油数值模拟软件。这块难度高见效慢的“硬骨头”谁来啃？怎么啃？下面就带领大家认识一下我们身边的自主创新杰出人才——陈国。

二、案例介绍

陈国，男，1968 年 7 月生，教授级高级工程师，现任大庆油田勘探开发研究院采收率研究一室主任，油田公司三次采油数值模拟专业学术技术带头人。从事三次采油技术研究，重点研究领域是化学驱油数值模拟软件研发和应用。他潜心钻研二十多年，将冷科研进行到底，带领团队自主研发的化学驱油数值模拟软件，具备黏弹性、多种分子量聚合物驱和二元、三元复合驱模拟功能，已成为大庆油田核心技术品牌，国内知名专家给予“国际领先水平”的高度评价。

自主研发化学驱油数值模拟软件，为化学驱技术高效开发提供技术支撑，对油田的可持续发展具有重大意义，同时也极为困难，意味着要突破许多无人涉足过的禁区。但是，陈国仍然义无反顾地踏上了这条艰难、寂寞的道路。1997 年，为研制泡沫复合驱油数值模拟软件，他对引进的 UTCHEM 化学驱油数值模拟软件进行了二次开发，研制了具有低表面活性剂浓度稀体系三元复合驱油数值模拟软件 DQCHEM，满足了当时先导性三元复合驱油现场试验的需要。1997 年至 2000 年，陈国主动承担起了开展国家“九五”科技攻关项目“大庆油田泡沫复合驱数值模拟软件研制”课题的攻关任务，建立了多孔介质中泡沫流动数学模型，在基于临界毛管力概念的数学模型基础上，创造性地建立了油层渗透率、气液比与泡沫

强度关系的数学模型，研制了实用性较强的泡沫复合驱数值模拟软件。利用所研制的模型成功地进行了大庆油田北二东泡沫复合驱先导性矿场试验数值模拟研究，为泡沫复合驱油技术的进一步发展奠定了重要的理论基础。2003 年，根据国内外聚合物驱油和聚合物交联调剖理论研究成果，尤其是大庆油田近年来在这些方面所取得的新的理论认识，建立了调剖驱油机理数学模型、多质聚合物溶液混合驱油机理数学模型、聚合物弹性提高微观驱油效率机理数学模型，自主研发了新型聚合物调驱数值模拟软件 POLYGEL 模型，具有黏弹性聚合物驱、多种分子量聚合物驱模拟功能，为聚合物驱油科研生产提供了重要的技术支撑。

从 2007 年开始，陈国带领他的团队开始自主研制模拟功能完善的化学驱油数值模拟软件。做这项工作实质上就是在挑战世界级难题，就是要走前人没有走过的路，况且大庆油田数值模拟软件专家稀缺，而自己带领的团队只有五六个人，成员又多是新毕业的大学生，大部分人还需要历练。困难面前陈国潜下心来，从现场实际出发，从基础资料、基础理论出发，在众多的实验结果和科研认识中剥茧抽丝。就这样，历时将近 10 年艰苦攻关，创建了描述界面张力、润湿性、碱溶蚀、化学剂色谱分离、多元表面活性剂和黏弹性驱油机理数学模型，自主研发了基于对流、弥散和扩散为基础的油气水三相化学驱油数值模拟器，实现了水驱化学驱无缝连接一体化模拟。创立了有势场化学驱物质传输方程沿流动方向非迭代直接快速求解方法，计算速度提高 10 倍以上。实现了化学驱数值模拟前后处理一体化技术，不仅提高了数值模拟工作效率，而且提升了模拟器工程化水平。研制的化学驱油数值模拟软件已在大庆油田推广应用，取代了引进软件，节省引进资金超过 1 亿元人民币。同时，还在国内长庆油田，国外印尼、苏丹和哈萨克斯坦油田技术服务中应用，为油田“走出去”发展战略提供了重要技术支撑。

2009 年 6 月 26 日，时任总书记的胡锦涛到大庆油田考察，在大庆油田勘探开发研究院采收率实验楼考察过程中，胡锦涛对科研人员提出的“超越权威、超越前人、超越自我”给予充分肯定，他说：“你们提出的超越权威、超越前人、超越自我的口号很有气魄。大庆油田以往的辉煌离不开自主创新；大庆油田今后的可持续发展，同样离不开自主创新。要继续弘扬这种精神，瞄准更高目标，攻克更多难关，使大庆油田不断焕发新的生机，为确保我国能源安全发挥更大作用”。作为“三超”精神的代言人，陈国是这样说的，也是这样做的。

三、思政点睛

“三超”精神的具体内容是“超越权威，超越前人，超越自我”。“超越权威”，就是要尊重权威、借鉴权威，但不迷信权威，对特定条件下形成的权威论断创新发展，要在质疑和挑战中寻求真理。“超越前人”，就是指要在学习前人、继承前人的基础上勇闯新路，解决前人没有遇到、没有想到、没有解决的矛盾问题。“超越自我”，就是要不断挑战自我、突破自我，不断追求更高的目标，在科研实践和自我完善中砥砺成长。“三超”精神是大庆油田科技人员在自主创新实践中凝练升华而成的时代精神，是对大庆精神和铁人精神的传承和发展。科学研究没有平坦的康庄大道，自主创新之路也充满了风险和挑战。让我们学习陈国这种锲而不舍的钻研精神和严谨求实的科学态度，继续继承和弘扬“三超”精神，攻坚克难，锐意进取，勇攀时代高峰。

潜心科研，淡泊名利，做铁人精神的践行者

课程 油藏数值模拟

教学知识点 差分算法、软件开发

案例教学目标 通过介绍袁益让教授的事迹和他的数值模拟理论研究历程，弘扬爱国主义、求实主义精神，培养学生严谨的科学态度和锲而不舍的钻研精神。

案例编写人 杨钊

一、问题引入

数值模拟计算过程中，建立科学的差分格式，提高计算效率是数值模拟中的核心问题。袁益让提出了可压缩二相驱动特征分步差分法和有限元法、半定问题的数值方法，利用粗细网格配套、双二次插值、高阶差分算子分解技巧，得到了最佳阶估计；对海水入侵工程后效预测，提出三维数学模型、迎风分裂法和特征有限元法，完成数值模拟计算和分析，这项成果达到了国际先进水平。2017 年，袁教授总结多年数值模拟研究成果，撰写了《油藏数值模拟理论和矿场实际应用》教材，在原有黑油模型基础上，引入化学驱数值模拟新方法和新理论，大大丰富了教学内容。

二、案例介绍

袁益让，1935 年生，江苏靖江人，山东大学数学系教授、博士生导师，山东大学数学研究所副所长，山东大学科学与工程计算实验室主任。

1954 年，勤奋好学的袁益让考入当时位于青岛的国立山东大学，主修数学。在大学的四年时间里，他的成绩是门门满分。他不仅对学习有着满腔的热情，对国家也有一颗赤子之心。1955 年，袁益让将自己刚刚获得的“山东大学优秀学生”金质奖章，捐给了参加抗美援朝战争的中国人民志愿军。从 1966 年开始，袁益让开始参加学校组织的关于电子束成控计算机设计、高炮指挥仪电子计算机设计，逐步开启了他数学模型及软件方面的科研攻关之旅。1970 年，胜利石油管理局地质科学研究院向山东大学发出求助，袁益让作为学校里既懂数学又懂计算机的教师被派到胜利油田，有幸接触到全国仅有的两台计算机中的一台。回忆那段时光，袁益让坦言：“当时搞石油生产的人都很不容易，工作环境艰苦，还会遇到各

类技术问题，那边的计算机体积大，运算速度也慢。”为了对油田进行合理的开采，袁益让和地质科学研究院水动力学研究室协作，对油田勘探中压力恢复曲线的图版进行计算和分析，研究油田开发中油水二相渗流驱动问题，得到了有效的数值方法和应用软件。在此期间，还完成了“油水两相渗流驱动问题的变网格有限元方法软件系统”的研制，解决了大水驱问题的计算，应用到了胜利油田开发计算的试生产设计中。其理论成果《关于油水两相渗流平面弹性问题的有限元方法》发表在1980年的《石油学报》上，后被中国石油学会推荐转载于《中国油气田开发进展》，作为石油领域的优秀成果向国外推荐。

1985年，在山东大学的推荐下，袁益让前往美国做访问学者，师从国际著名数学家、油藏数值模拟奠基人Douglas教授，为期近三年。起初，袁益让因自己英语口语不够熟练感到胆怯，犹豫不决，这时导师莫叶和时任副校长潘承洞给了他莫大的鼓励和勇气，“一定要去，我们国家现在在某些方面还比较落后，你要去学习中国需要的、对将来国家发展有用的知识”。于是，袁益让带着满腔热血，肩负着学校的期望和使命，毅然踏上了漫漫留学之路。也是在这一期间，袁益让深刻感受到了中美之间的差距。他一直在心底暗暗地说：“要拼命地学，尽可能多地学到美国的先进理论知识，争取早日回国改变国家落后的现状。”三年后，袁益让学有所成准备回国，有国外学者对他放弃美国高薪和绿卡难以理解：“你在美国一年的薪酬，回到中国可能一辈子都挣不到，为什么要回去呢?”“我是中国人，就要回到中国，为祖国服务”，在袁益让看来，这是理所当然、根本没什么好质疑的事情。袁益让认为，出国能够开拓视野，学习外国先进的文化和知识，这点毋庸置疑，但身为中国人还是应该回到自己的国家。“回到中国，我们是主人，只有国家强大起来，我们才算是不负今生所学。”

回国后，袁益让承担起了胜利油田的攻关项目——三维盆地模拟系统研究。袁益让利用在美国所学的先进方法，带领学生们搞技术攻关，克服了重重困难，最后计算出胜利油田地下的石油地质储量为80亿吨，可开采利用的石油地质储量为40亿吨。当时据胜利石油管理局局长刘兴才说：“此项工作极为重要，是国家决定胜利油田如何发展的重要依据”。随后袁益让科研团队又获得“石油部重点科技攻关课题”和“胜利石油管理局重点攻关课题”——关于盆地三维石油资源运移聚集定量数值模拟技术研究。经过6年的科技攻关，袁益让的科研团队在国内外第一个研制出“三维运移聚集软件系统”。“三维盆地模拟系统研究”成果经中国石油天然气总公司专家鉴定和评价，认为这项成果是国际首创，有可能为国家寻找到新油气田。该成果被中国石油天然气总公司选定为渤海湾盆地深层油气资源评价软件系统，先后评价了辽河油田、冀东油田、大港油田、中原油田和胜利油田所辖的各坳陷的资源量。

三、思政点睛

袁益让教授几十年如一日，潜心钻研油藏数值模拟方面的关键问题，开创性地提出多种新型差分格式，提高了数值计算速度，形成系列油藏数值模拟软件，为能源行业做出了突出贡献，我们要学习袁益让教授“严谨科学、锲而不舍”的钻研精神、“不为诱惑、报效祖国”的爱国精神、“精益求精、知行合一”的求实精神，这也是我们每一个石油人应有的追求。

多学科交叉融合，让信息技术赋能油气未来

课程 油藏工程课程设计

教学知识点 油田开发方案设计

案例教学目标 通过介绍信息技术在石油行业的应用情况和发展前景，剖析科技创新助力行业发展的必要性，树立多学科交叉融合的学习理念，鼓励学生积极探索、勇于创新的学习精神。

案例编写人 董驰

一、问题引入

有分析表明，第四次工业革命浪潮，将大数据、人工智能、云计算、物联网、区块链、机器人、智慧城市等技术有机融合，其发展速度之快、范围之广、程度之深甚至超过前三次工业革命的总和。在当下的油气技术框架里，油藏仍然是一个“黑箱”，尽管已经多项技术发力，目前油田采收率仅能达到40%左右。为此，能否借助数字技术、人工智能和工业互联网照亮这个“黑箱”，并把油气勘探与开发技术提高到新的层次，是石油工业待研究和极其感兴趣的问题。

二、案例介绍

1. 油田物联网——智慧智能的基础性工程

正如互联网的出现，给人类生活带来了多层次的深刻变革，工业互联网的影响也必将是多方面和深层次的。随着大数据、云计算、人工智能和工业互联网等技术蓬勃兴起，全球各大石油公司都积极将先进信息技术与传统产业深度融合，持续推动数字化、智能化发展，构建设备互联、动态感知的工业互联网平台，加快实现企业运营向以数字化主导的现代化运营新模式转变。

在这一背景下，很多高科技公司基于物联网等技术能力构建工业互联网平台。作为中国石油信息化三大标志性工程之一，吉林油田自主研发的“油气生产物联网系统”通过在吉林、大庆、塔里木、新疆、西南、青海、吐哈和南方勘探公司开展示范工程建设，中国石油“十二五”期间累计实现了10多万口油气水井、4600多座场站、180万台套设备的数字化管理，减少油田现场新增用工3万多人，示范作用显著。2019年5月，油藏工程人工智能院士工作站在大庆正方股份软件科技股份有限公司启动，中国工程院院士倪光南、韩大匡等

出席启动仪式，并在当天举行的“石油工业互联网暨智能注采技术交流研讨会”上提出，“不仅油田的生产实时数据，还要有物探、钻井、压裂等涉及油田全生命周期的数据。”为我国未来赶超世界软件和人工智能强国指明了方向。

2. 大数据云计算——勘探开发云梦想不再遥远

中国工程院“大数据驱动的油气勘探开发发展战略研究”重点咨询项目启动会上，中国工程院院士韩大匡介绍，面对油气田勘探开发的巨大挑战，如何实现涉及物探、地震、地质、油藏、采油工艺、地面建设、经济评价等多专业、多信息、多软件、多系统的综合研究智能化、协同化，成为智能油气勘探开发建设的焦点。

作为中国石油“十三五”重点建设项目，目前中国石油勘探开发梦想云 1.0 建设已基本竣工。“梦想云”的 PaaS 技术平台已建设了五大云化工作环境。“梦想云”通用的协同研究已应用于 156 个勘探研究项目，数据准备时间 5 个小时缩短到 1 分钟以内，实现了勘探业务研究工作由线下到线上、由单兵到协同、由手工到自动的转变，大幅提升了工作效率与决策水平。这是国内油气行业第一个智能云平台，实现上游全业务链数据互联、技术互通、业务协同的梦想，在中国信息化建设史上具有重要的里程碑意义。

3. 人工智能——创新数字技术降本增效

伴随软硬件技术的升级，并行计算、云计算的实现，大数据与机器学习得以迅猛发展，为人工智能在油田的研究与应用奠定基础，助力攻克深海等难题，服务降本增效。

在高质量发展道路上，数字化转型和人工智能在国内外都备受关注。清华大学全球产业研究院副院长李东红认为，数字化转型高度依赖于网联技术的大发展，5G 的历史性技术突破对未来的数字化很关键。昆仑数据创始人陆薇认为，工业 1.0 是“工厂+机器”，工业 2.0 是“工厂+电”（电气化），工业 3.0 是“工厂+电脑（自动化和信息化两化融合）”，工业 4.0 是“工业大脑+智能分析优化系统”。数字化不是取代自动化和信息化，而是对以前智能化和自动化的增强与补充。“消费互联网是开放的草地，工业互联网是有墙的花园。数据智能的技术已变成新工业时代非常关键的生产要素。”

三、思政点睛

2017 年，中共中央政治局曾就实施国家大数据战略进行集体学习。2018 年，习近平主席为相关人工智能会议连发三封贺信，指出促进数字经济和实体经济的融合发展，加快新旧发展动能接续转换，打造新产业新业态，是各国面临的共同任务。这为我国科技界指明了发展方向。探索信息技术应用于油藏工程领域之路已然开启，作为新一代石油人，应心怀梦想，勇于探寻照亮“黑箱”之光，为进一步提升油田智能化、信息化水平做出自己的努力！

发扬工匠精神，为祖国石油发展谱新篇

课程 石油工程Ⅱ（采油工程）

教学知识点 六分四清

案例教学目标 通过王启民、伍晓林、黄玉梅、段福海等油田科研、生产人员，潜心科研和生产一线，对工作精益求精，敢于突破传统，不断锐意创新，完成了一系列技术创新成果和成绩，为油田生产做出突出贡献，让大学生明白，以后无论做任何事情都要具有立足本职、突破传统、持之以恒、勇于探索的工匠精神。

案例编写人 马文国　张承丽

一、问题引入

在讲到“六分四清”时，工匠精神是指工匠对自己的产品精雕细琢、精益求精、更完美的精神理念。作为未来油田领域的科技工作者，需要大学生现在就理解工匠精神实质，立足本职，学好理论知识，向在油田工作中践行工匠精神的广大科研工作者学习。

二、案例介绍

1. 笨人就干一件事的“新时代铁人”——王启民

截至1990年，大庆油田已连续15年保持年产原油5000万吨以上高产稳产，油田全面进入高含水开发阶段，综合含水率近80%，在当时的技术和理论认知中，没有类似的开发经验可供参考，国内外都不看好大庆油田的开发潜力。经过对油田资料的细致分析，对开发规律的科学论证，王启民的目光瞄向了新的地带——含油量被戏称为“只够炒菜用的”厚度只有0.5米的表外储层，这一开发对象在当时国内外是公认的不能开采的禁区。

“笨人就干一件事”，他打破了大庆油田开采的禁区

2. 敢立军令状“不成功就辞职”——伍晓林

表面活性剂是“三元”中最关键的一元。伍晓林刚到大庆时，表面活性剂的配方被美国人掌握着，因其采油成本过高，无法大规模工业化应用。“研究不出来国产表面活性剂，我们就辞职!”伍晓林的团队立下军令状。2005年，新型表面活性剂当年研制、当年工业化生产并矿场应用，这是三次采油历史的世界奇迹！三元复合驱技术为大庆

大庆油田三元复合驱技术世界领跑

供了一个重要的“砝码”。大庆油田公司副总工程师程杰成说，“不久前大庆油田应邀为国外一批濒临停产的油井提供了三元复合驱的挽救性配方，试验结果证明是‘对症下药’的”。目前，科威特、俄罗斯和印度尼西亚等国家先后与大庆油田达成三元复合驱技术服务和技术咨询合作意向，前来大庆“取经”的外国人络绎不绝。三元复合驱技术成为技术的高峰，也成为大庆油田“一带一路”合作的潜力技术。

3.“必须技术过硬，才能造出质量过硬的电机”——黄玉梅

渤海装备中成机械制造公司黄玉梅：匠心铸“泵心”

渤海装备中成机械下线班班长黄玉梅，20多年的坚守换来了可以用数字衡量的成绩。她带领中成机械的“女子下线班”手工制造了9000多套潜油电泵，遍布陆地、海上等10多个油田，占据国内电泵市场近40%的份额，首批入选中国石油天然气集团公司“优势产品目录”，远销南美、非洲、中东等多个国家和地区。世界上第一台进入撒哈拉大沙漠的电泵就是她带着姐妹们亲手完成的。面对世界级的稠油开采难题，她们生产的电泵创下了泵挂深度5012米的世界纪录，也创下了连续运转10年无故障的好成绩。

4.“攻克生产技术难题，用创新解决工程问题”——段福海

“学点真本事，干出个样来：大庆采油四厂“段福海劳模创新工作室”素描

在大庆油田采油四厂有一个技术革新“大明星”，他先后研发技术革新成果167项，获得国家专利26项，同事称他是采油一线的“发明家”。他总结的“283”技术革新工作法，不仅通过“技术革新讲堂”“铁人大讲堂”等讲授过175余场，还走进吉林油田、辽河油田，让更多的人接触和认识技术革新。这个“大明星”，就是采油四厂二矿工艺队测试工程师段福海。多年来，他凭着对技术革新的痴迷和迎难而上的奋斗精神逐渐成长为油田技术革新的“排头兵”。2014年被授予全国“五一劳动奖章”和全国“创新标兵”荣誉称号。

三、思政点睛

王启民等一大批科研生产一线工作者，通过自己的努力，在平凡的岗位上实现了不平凡的人生，为大庆油田的经济高效开发贡献了一分力量。他们尊重权威、借鉴权威，但并不迷信权威，勇于突破和创新，在质疑和挑战中寻求真理，攻坚克难，挑战自我，突破自我，持之以恒，值得我们学习。

作为未来的石油人，每一名石油工程专业的大学生都应该努力学习好基础理论知识，关注实际工程领域的复杂工程问题，不放过任何一个理论和生产中的问题和疑问，带着研究的态度去一一解决。作为未来的接班人，每一位大学生都要具备严肃认真的科研态度，爱岗敬业、勇于创新，融入集体，发扬团队精神，弘扬爱国奉献精神。

“探秘”千米油层，复活“冤死”油井

课程 石油工程Ⅱ（采油工程）

教学知识点 分层测试

案例教学目标 通过介绍大庆采油人攻克精准监测油层这项难题，引导大家树立爱岗、敬业、执着、创新的精神。

案例编写人 张承丽

一、问题引入

由于地层原油储量的减少，采油人在想各种办法和剩余油作战，可是，和石油作战不容易，千米地下，看不见摸不着，还想了解它们的情况，太难。为了不使油井被“冤死”，石油人不惧挑战、克服困难，终于攻克了精准监测油层这项难题。同学们，让我们一起来看看这些“冤死”的油井是怎么起死回生的。

二、案例介绍

1. 坚定信念，勇担使命

采油人具有钻研精神。如果根据流量、压力等数据，对油井进行监控，就不会有油井被“冤死”。可是，笼统监控效果一般。大庆采油工程研究院的技术人员有了新想法，他们要对每个油层都进行监控。想法一出，油田“沸腾”了。想对油层监控，谈何容易？

一个油井，大段油层就好几个，细分起来，油层更多。什么设备能精准地监测它们？这个想法不现实。十年前，大家都持否定态度。很多油田人认为，这个方法不可能实现。但是，采油技术人员没有放弃，而是将这个想法作为研究课题，努力攻克。

2. 积极创新，各个击破

油层监测包括很多方面，技术人员开始“各个击破”。最先实现的就是流量监控。他们自主研制了一个设备，看似简单，一根铁棒，近约两米长，直径大约 2.6 厘米，外表看着没什么出奇的地方，可它的功能很强大。这里面有电动机、电路板、流量计。只要把铁棒往井底一放，几分钟的工夫，油田的流量就测出来了。监测油层流量只是这个项目的一部分，油田人要做的是全方位监测。接下来，他们研究了含水监测，同样也是一根铁棒，外表和流量检测仪类似，可作用不一样，这根铁棒下去，会把油层的含水摸透。流量和含水，这两项都搞定了，这个油层的基本情况就差不多了。

他们研究的第三种仪器，就是压力监测仪。从外观看，三个都一样，压力监测仪一般会从油井环空处投入地下，监测 7 天以后，再打捞上来，地质人员可以通过油层的实际压力，模拟出油层的具体情况，对产量调配和地质分析作用很大。有了这项技术，油井不会被“冤死”。

3. 新技术成为剩余油的挖潜利器

技术人员说，这项技术适用于含水 80%以上的油井剩余油的挖潜，对老油田来说，这是挖潜利器。另外，对油田来说，含水少了，一系列的处理费用也随之降低，带来的经济效益不容小视。

三、思政点睛

面对困难，我们应该坚定信念，勇担使命，只要我们能在面对困难的时候不退缩，不胆怯，就能战胜困难。创新是引领发展的第一动力，在当前国际发展竞争日趋激烈和我国经济社会发展进入新常态的形势下，我们将会在工作中遇到更多新情况、新问题，工作任务越来越繁重，难度进一步加大，要想使工作再上新台阶，就要求我们必须提高创新能力，积极探索新形势下开展工作的思路和方法。

重温“大庆精神”，牢记“三老四严”

课程 石油工程Ⅱ（采油工程）

教学知识点 防蜡与清蜡

案例教学目标 通过介绍大庆油田采油一厂三矿“三老四严”的来历，使学生体会享誉全国、影响深远的“三老四严”精神，深刻认识到对待采油工作和学习，应该具备严谨求实的态度和一丝不苟的精神。

案例编写人 王凤娇

一、问题引入

在会战中大庆油田采油一厂中四队曾发生过这样的故事，一名学徒工由于操作失误，挤扁了刮蜡片，隐瞒不报，队长辛玉和知道了这件事后，组织全队在这口井前召开事故分析现场会，进行深入讨论。经总结后提出：对待革命事业，要当老实人，说老实话，办老实事；对待工作，要有严格的要求，严密的组织，严肃的态度，严明的纪律。1964 年 5 月石油工业部召开第一次政治工作会议，将采油一厂中四队的经验总结提炼为“三老四严”精神。

队长辛玉和用放大镜查验清蜡钢丝质量

三矿四队设备前传授技能

二、案例介绍

“三老四严”的发源地是现在的大庆油田采油一厂第三油矿中四队，其前身是中区综合四队。1960 年建队时，全队只有一间破磨房。职工们白天揣着野菜团子，吃在井上干在井上，晚上围着篝火学“两论”。为了在艰苦条件下尽快拿下大油田，党支部提出“四不一为”的号召，大家也豪迈地喊出“天塌我们顶，地陷我们填，钢铁意志英雄胆，不创标杆非好汉”的钢铁誓言，建队当年就被会战领导小组命名为“钢铁采油队”，1961 年又被授予政治思想好、完成任务好、技术训练好、集体作风好、生活管理好“五好标兵采油队”荣誉称号。

1962 年，随着油田开发建设，钢铁四队被分成 3 个队。老队长辛玉和与 12 名工人被分到新区，组建了三矿四队。辛玉和从第一口油井清蜡开始，就用放大镜一寸一寸地检查每口井长达 1500 多米的清蜡钢丝，确认合格后才交给岗位工人使用。一天，辛玉和到井上检查，看见徒工小孙拿着一个新刮蜡片急匆匆往井上赶，辛玉和有点纳闷：小孙井上的刮蜡片前两天刚换过，怎么又领新的了？他走回材料库，从材料员那里得知，原来小孙早晨清蜡时没有仔细检查，就关闭了清蜡阀门，把刮蜡片挤扁了，还让材料员帮他保密。辛玉和认为，小洞不补，大洞二尺五，第二天就在小孙这口井上召开了事故现场分析会，并把这个变了形的刮蜡片挂在会议室里，让大家天天看到、时时想到，吸取教训。

党支部因势利导，在全队开展“当老实人、说老实话、办老实事，严格要求，严明纪律”的“三老两严”活动。严细认真干工作的风气在全队形成。在三矿四队，法兰不能缺一颗螺丝，阀门不能有一滴渗漏，报表不能有一处涂改。

1963 年 9 月 12 日，战区召开工作会议，总结会战以来加强基层建设、培养队伍作风的经验，形成“三老四严”。同年 10 月 9 日，《中华人民共和国石油工业部条例》对“三老四严”的内容进行具体阐述，并要求在全国石油系统贯彻执行。1964 年 2 月 24 日，会战工委做出“关于开展向采油三矿四队学习的决定”。全战区立即掀起学四队、赶四队、超四队的群众性活动热潮。

三、思政点睛

“三老四严”既是石油人的鲜明特征，又是石油精神的重要标志。在新时代大力弘扬石油精神，就是要教育我们每一个人要保持充沛顽强的斗争精神，不断增强斗争本领，在革命事业中真刀真枪干。做老实人、说老实话、干老实事，襟怀坦白，公道正派；坚持从实际出发谋划事业、开展工作，努力做到符合实际情况、符合客观规律、符合科学精神；敢于担当责任，勇于直面矛盾，善于解决问题；心存敬畏，勇往直前。“三老四严”是大庆精神的一种体现，永远不会过时。

用生命书写忠诚，做三元复合驱技术的引路人

课程 提高采收率原理

教学知识点 三元复合驱提高采收率技术

案例教学目标 让学生了解我国三元复合驱提高采收率技术的研究与应用过程，了解这项被“洋专家”枪毙的技术，在大庆油田勘探开发研究院原副总工程师杨振宇的坚持和不懈努力下，最终拨云见日，在大庆油田得到了有效应用。

案例编写人 曲国辉　张继红

一、问题引入

大庆油田的发展史可以说是中国石油史的重要组成部分，大庆油田三元复合驱是继聚合物驱油之后又一项大幅度提高原油采收率的油田开发技术，由于在三元复合驱技术研究中做出了突出贡献，东北石油大学90届油气田开发工程专业硕士毕业生、时任大庆油田勘探开发研究院副总工程师的杨振宇被大家公认为大庆油田三元复合驱技术的“掌门人”，作为大庆油田三元复合驱研究方面的一个典型代表，他用生命书写了为国忠诚的爱国情怀。

二、案例介绍

“超越权威、超越前人、超越自我”，大庆油田勘探开发研究院实验楼里，这12个大字格外醒目，它照见大庆油田60年敢于挑战自我、敢于战胜困难的风雨历程，也照见一代又一代大庆油田科研人员熠熠闪光的奉献情怀。

“浪花的魅力是由于礁石的存在，在科研攻关的路上，越是有阻碍，越要攻克它”，这是杨振宇常说的一句话。

20世纪80年代中期，一位在国际上享有盛誉的法国国家研究院技术专家，在对大庆油田进行三元复合驱可行性研究后留下一句话：“大庆油田原油酸值低，需要大量昂贵的表面活性剂，得不偿失，所以你们还是把三元复合驱技术彻底忘了吧！”

听了这句让人如鲠在喉的话，杨振宇陷入了沉思，实践是检验真理的唯一标准，生性腼腆倔强的他决心用自己的行动验证专家的断言。杨振宇扎进图书馆，废寝忘食，在书海中苦苦寻觅适合大庆油田的表面活性剂配方。老师傅心疼瘦得皮包骨头似的杨振宇，“小伙子，再努力也要先注意身体呀。”杨振宇笑笑又“埋”进书堆里，图书馆所有的中文相关资料他都没放过，英文相关期刊论文也翻译了一遍，经过一连数月的调研后，他又和同事们在实验

室对调研结果逐个分析验证。最后，体重 90 多斤的杨振宇带领同事，用事实突破了低酸值原油无法开展低界面张力化学驱的观念束缚，开创大庆三元复合驱技术发展的新纪元。

为了进一步证实大庆油田三元复合驱技术的可行性，杨振宇和其他同事一起筛选适合大庆油田的表面活性剂。当时有美国、英国、俄罗斯、法国、日本等不同国家、不同系列、不同类型近百种表面活性剂样品，每种样品要结合不同区块性质各异的原油与水进行分析评价，耗时很长，于是杨振宇建议优化实验方案，先“粗筛”，再优选。在实验过程中，为了保证数据的准确，杨振宇严格按照操作流程，一丝不苟，别的同事笑他“胆小”，他回答说：“不是胆小，是严细!”当 0.1 毫米厚度的实验记录纸堆积成几米高时，项目组在两年多的时间里得出石油磺酸盐类和烷基苯磺酸盐类表面活性剂适合大庆油田的结论。历经风雨，终见彩虹，三元复合驱终于可以在大庆油田“光荣上岗”!

正当大家为三元复合驱技术的美好前景欣喜时，又一道难关摆在面前。由于 5 个矿场试验均采用进口表面活性剂，用量大、成本高，这成为制约油田三元复合驱工业化推广的“瓶颈”，研究工作再次陷入低谷。国家需要、油田需要，就是最大的需要。2000 年，杨振宇接到油田公司关于研发主表面活性剂的攻关任务，也恰在这个时候，他被中科院录取为博士研究生。杨振宇暗暗藏起了录取通知书，平时沉稳内敛的他毅然向油田公司领导立下了“军令状”，誓言不拿下主表面活性剂，就主动下岗，这一干就是 6 年!

在实验室，杨振宇带着大家制备、合成表面活性剂，为了掌握第一手资料，杨振宇顾不上化学药剂刺鼻难闻，从生产表面活性剂的原料来源、工艺路线优选及工程配套，逐一确定落实。物理模拟实验要求时间的连续性，一个实验周期至少三天，他更是与同事们不分昼夜，坚守在实验室寸步不离。随着物理模拟实验的完成，他的转氨酶指数也亮起了红灯。

在领导的支持和攻关组同志的共同努力下，三元复合驱用强碱表面活性剂一举实现了工业化生产，并实现了产品系列化。经检测，产品性能总体上达到了国外同类产品水平。2001 年 5 月 1 日，在杏二区中部三元复合驱工业化矿场试验区正式投入使用。

由于长期的劳累奔波，杨振宇的病愈加严重，但他没有请一天假，油田科技工作者神圣的使命和责任让他安不下心来休息。就这样杨振宇走过了他 44 年短暂的生命历程，虽然短暂，但却彰显了大庆油田一个科技人员的赤胆忠心，一个知识分子的报国情怀。杨振宇，用赤胆忠诚书写了无悔的人生。

三、思政点睛

人固有一死，或重于泰山，或轻于鸿毛，杨振宇用他短暂的生命诠释了一个石油科技人的赤胆忠心和报国情怀。这种精神将激励一代又一代石油科技人员不畏苦难、奋勇向前。

污泥调剖，变废为宝，实现油田绿色发展

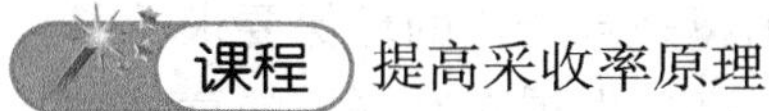

课程 提高采收率原理

教学知识点 调剖堵水方法

案例教学目标 通过讲授使学生了解到利用污泥调剖不仅能变废为宝，还能起到良好的调剖效果，培养学生环保、节约资源、高效发展的意识。

案例编写人 刘进祥

一、问题引入

随着石油工业的发展，含油污泥的产量越来越多。含油污泥中一般含油率为10%~50%，含水率为40%~90%。含油污泥体积庞大，若不加以处理直接排放，不但占用大量耕地，而且污泥含有大量的病原菌、寄生虫和铜、锌、铬、汞等重金属，盐类以及多氯联苯、二噁英、放射性元素等难降解的有毒有害物质，对四周土壤、水体、空气都将造成污染。如何有效处理这部分这些油泥污泥，避免对环境造成影响并让它产生新的效益，东北石油大学联合大庆油田，开展了这方面的科研工作，取得了良好的经济和社会效益。

二、案例介绍

据估计，我国年产油田含油污泥近300万吨，仅大庆、胜利、辽河三大油田每年产出的含油污泥就达200万吨以上。炼油厂产生的含油污泥主要包括罐底含油污泥与污水处理场的“三泥”两部分，此部分污泥年产生量约为30万吨。针对这些含油污泥的处理，目前国外通常采用固化填埋技术（如沙特阿拉伯）、热解析技术（加拿大和美国）、焚烧处理（法国和德国）等。国内的处理技术主要有固化填埋、超声波法、调质—机械分离法、萃取、焚烧、热解、生物降解等。这些处理方法，非常容易造成环境的污染和资源的浪费。

为解决含油污泥的处理问题，东北石油大学科研人员经过研究发现：采用污泥回注地层方法不仅可以解决污泥排放问题，而且可以发挥其堵塞大孔道、调整注水井吸水剖面和扩大波及体积的作用，可谓变废为宝。

2000年初，东北石油大学同大庆油田有限责任公司一起开展了污泥调剖的研究工作。为确保污泥样品的准确，东北石油大学教师不辞辛劳，与大庆油田现场人员一同深入井场，一同取样，为尽可能保持污泥的最初始状态，将收集样本用塑料布进行密封，然后带回实验室，进行详细的分析。然后对污泥的粒径组成进行精准分析，为保证现场施工的注入效果，

通过反复实验决定采用0.1%~0.3%聚合物溶液作为携带液一同注入。通过室内驱油实验对比发现，污泥调剖的效果明显好于普通聚合物溶液，且成本更低。2008 年 8 月开展现场试验，试验不仅解决了 26712 吨污泥的处理问题，而且注入压力上升了 1.5 兆帕，油井平均含水率下降 11.4%，截至 2009 年 1 月底，有效期 110 天，累计增油 1135.2 吨，取得良好的调剖效果。后期该技术在国内各大油田都得到了推广，取得了良好的经济和社会效益。

三、思政点睛

利用采出污泥调剖，不仅能够保护环境，而且能够有效地提高原油采收率，污泥调剖杜绝了污泥填埋过程中对环境和人类造成的污染，也满足了我国越来越严格的环保要求，并且有利于减少我国对原油的资源浪费，对我国经济建设的环保、高效发展具有深远的意义。当然，科技改变生活绝不是一句简单的口号，同学们要学好专业知识，树立环保意识、节约意识，让我们的生活更加美好，把我们的祖国建设得更加强大！

选择主攻方向，推进三次采油技术研究与应用

——记三次采油知名学者胡靖邦教授

课程 提高采收率原理

教学知识点 三次采油技术

案例教学目标 胡靖邦教授是东北石油大学第一位博士生导师，是石油高等教育战线的知名学者，是享受政府特殊津贴的专家，他为祖国石油教育事业、为提高采收率技术的发展默默贡献了自己的毕生心血。通过了解胡靖邦教授的奋斗历程，激励同学们拼搏奋斗，选择自己的主攻方向，明确自己的人生目标。

案例编写人 王克亮

一、问题引入

三次采油是大庆油田利用物理、化学和生物等新技术进行的强化采油方式。大庆油田应用以聚合物驱为主导的三次采油技术累计产油 1.81 亿吨，三次采油增油超过 1 亿吨。20 世纪 70 年代，三次采油技术还未引起普遍重视的时候，我校胡靖邦教授便富有远见地选择了它作为主攻方向，率先组建了部级重点实验室——驱油机理研究室。在胡靖邦教授的带领下，加速了聚合物驱油技术在大庆油田的研究应用工作，为聚合物驱油技术在大庆油田的推广应用做出了突出贡献。

二、案例介绍

胡靖邦教授 1932 年 7 月出生于广州，1950 年 9 月考入清华大学石油工程系，1953 年 9 月起在北京石油学院攻读研究生，1956 年 9 月毕业后在北京石油学院任教。1961 年 7 月来到东北石油学院开发系工作。1993 年 12 月，为油气田开发工程首任博士生导师。1995 年 9 月，招收首届博士生。胡靖邦教授是石油高等教育战线的知名学者，享受政府特殊津贴的专家。1997 年 9 月因患癌症去世。

胡靖邦教授热爱中国共产党，热爱社会主义国家，热爱党的教育事业，为石油教育事业的发展默默贡献了自己的毕生心血。1961 年 7 月放弃北京优越的生活条件，来到东北石油学院开发系工作。1968 年，在“文化大革命”那个特殊的历史年代，胡靖邦教授以莫须有的罪名被批斗。但他始终没有丧失理想信念，哪里有困难，哪里有重担，他就出现在哪里。1976 年，一部几十万字的《油田水井调整挖潜一百例》问世，填补了油田采油过程中地层破裂规律问题研究的空白。

早在 1972 年，三次采油技术还未引起普遍重视的时候，胡靖邦教授便富有远见地选择了它作为主攻方向，率先组建了部级重点实验室——驱油机理研究室。研究室组建初期，胡靖邦教授开始在聚合物驱油这个国外搞了几十年也没有实际应用的科研领域进行攻关探索。胡靖邦教授先后 2 次到美国得克萨斯大学和俄克拉荷马大学学习考察先进的实验方法，加速了聚合物驱油技术在大庆油田的研究应用工作。在胡靖邦教授的带领下，学校与大庆油田同步开展聚合物驱油技术的研究工作，为聚合物驱油技术在大庆油田的推广应用做出了突出贡献。1993 年，驱油机理研究室扩建为提高采收率研究所，现已成为我国石油高校中独具特色的以提高采收率研究为主的综合性的科研实体；成为“油气田开发工程”国家级重点学科、提高油气采收率教育部重点实验室及其博士点的主要支撑点；成为我国提高油气采收率应用基础和应用技术研究的主要基地之一。

在胡靖邦教授带领下，我校在聚合物溶液流变性、聚合物的吸附与滞留、聚合物驱油段塞组合对驱油效率的影响以及非均质储层物理模型的研发等领域取得了国内领先水平，整体上达到八十年代国际先进水平。胡靖邦教授作为主要完成人之一完成的“大庆油田高含水地层聚合物驱油技术研究”获得 1991 年度石油天然气总公司科技进步一等奖。大庆石油学院作为主要完成单位完成的“大庆油田三次采油聚合物驱油技术”获得 1998 年国家科技进步奖一等奖。2002 年以来，聚合物驱油技术作为支撑原油稳产的三次采油主导技术之一迅速发展，为大庆油田每年贡献原油超过千万吨，使得大庆油田成为世界上最大规模的三次采油技术研发和生产基地。

胡靖邦教授长期从事《油层物理》《采油工程》等课程的教学工作。自 1985 年招收三次采油方向的研究生以来，在石油高校中最先开设了《三次采油原理》研究生学位课程。从事教育工作 40 多年来，胡靖邦教授坚持教书育人，用自己高尚的师德风范和丰富的科学知识教育和影响学生，为石油工业培养了一大批优秀人才。

三、思政点睛

当前，在大庆油田持续稳产 4000 万吨的新形势下，三次采油及配套技术已成为支撑大庆油田可持续发展的油田开发主导技术。作为我校三次采油技术的创始人，胡靖邦教授已经为我们打下了坚实的基础，所以我们要以前辈不屈不挠、坚定信念、不畏困难、刻苦攻关的科研精神为榜样，充分利用我校提高采收率教育部重点实验室及其相关资源，在技术与服务保障方面为大庆油田的稳产尽一分力，发一分光。

坚韧笃定，扎根基层，以创新创效谱写工匠篇章

课程 采油工程课程设计

教学知识点 有杆泵采油系统

案例教学目标 通过介绍大庆油田第二采油厂采油技师刘丽的先进事迹，激发大家未来从事采油工作的责任感，提高未来从事采油工作的创新意识。

案例编写人 周亚洲

一、问题引入

有杆泵采油具有结构简单、适应性强、维修管理方便和寿命长的特点，是国内外应用最广泛的机械采油方式。有效减少设备运行风险，降低工人操作风险、提高系统运行效率是采油工程研究的重点。2019 年，大庆油田第二采油厂刘丽工作室成功研发了一项螺杆泵井下防倒流装置。它不仅能够有效降低设备运行风险，也使得采油工人工作效率大大提高。

刘丽改进密封盒结构

二、案例介绍

以坚韧笃定扎根基层一线，以执着奉献诠释责任担当，以精益求精打造质量标准，以创

新创效谱写工匠篇章。刘丽，一个被油田职工高度崇尚认可的工匠典范在新时代油田高质量有效益可持续发展中求实奉献、砥砺前行。

1993 年，刘丽以全校第一名的成绩从技校毕业后，分配到大庆油田第二采油厂第六作业区采油 48 队工作，成为一名普普通通的采油工。她刻苦钻研、创新实践、追求极致、精益求精，23 岁获得国家级竞赛第三名，成为中国石油天然气总公司首届技术能手；28 岁被破格聘为采油技师；32 岁被聘为采油高级技师、油田公司技能专家；35 岁成为大庆油田最年轻的中国石油天然气集团有限公司技能专家；40 岁荣获黑龙江省五一劳动奖章；41 岁成为全国五一巾帼标兵；42 岁荣获全国五一劳动奖章、国务院政府特殊津贴；43 岁成为黑龙江省首席技师、龙江大工匠；44 岁成为全国技术能手、石油名匠；45 岁成为大国工匠，全国质量工匠。百余项沉甸甸的奖杯，是刘丽 28 年奉献油田的汗水结晶，更是传承弘扬大庆精神、铁人精神的体现。

对“创新”的敏感，是刘丽从“工人”迈进“工匠”大门的一把金钥匙，这项创新于 2001 年研发，2002 年获得国家专利，2002 年到现在的 19 年时间里，已有 5 代技术改进，投用以来，创造经济效益达上千万元。在 28 年的职业生涯里，刘丽研制的技术革新成果共获奖项 135 项，其中获国家专利 23 项，省部级奖项 16 项。2017 年，刘丽被评为黑龙江省龙江工匠、龙江大工匠，2018 年，刘丽被评为中国石油天然气集团有限公司首届石油名匠。2019 年，刘丽被评为大国工匠、全国质量工匠。

现如今，刘丽负责的工作室教学器材和加工工具完备，建立了专业焊房，还成立了 3D 打印实验室，开辟了包含 10 口不同机型抽油机井的革新成果推广应用示范区，实现了“研、产、用”一体化创新管理模式，成为“革新梦工厂”。刘丽工作室成立以来，大庆油田第二采油厂的创新创效成果数量由过去的每年 100 多项增加到每年 300 多项。工作室共取得国家发明专利 7 项，实用新型专利 39 项，群众性技术革新 634 项，累计创效 8600 万元。

潜心钻研重质量，创新创效工匠情。多年无怨无悔地坚守在生产一线，刘丽将全部的智慧与热情倾注给了热爱的油田。在她心中，质量是检验工作的标准，只有不断追求高标准，才能保证高质量。

三、思政点睛

刘丽是大庆油田的“工匠品牌”，她用追求极致、精益求精的工匠精神影响着一代石油人向前一步、拼搏前行。工作 25 年来，刘丽坚定执着，以高质量高标准践行和传承着大庆精神铁人精神，成为油田匠心独具的时代先锋。因此作为未来油气钻采领域的从业者，也一定要向刘丽学习，乐于奉献、敢于担当、刻苦钻研、求真务实、脚踏实地、勇于创新，为我国未来石油工业的发展做出贡献。

大国工匠刘丽：采油领域的“女状元”

执着技术革新，在平凡岗位上绽放光彩

课程 采油工程课程设计

教学知识点 抽油机系统组成

案例教学目标 通过介绍大庆油田杨海波的先进事迹，培养学生刻苦钻研、勇于创新的精神，提升学生立足岗位、热爱岗位的事业心和责任感，鼓励学生在自己平凡的岗位上书写精彩的人生。

案例编写人 周亚洲

一、问题引入

机械采油是利用机械方法将原油从井筒举升到地面的采油方法。目前，机械采油在国内外的油田开发中约占油井总数的 90%左右。其中又以有杆泵机械采油所占比重最大，而且绝大多数为抽油机井。提高机械采油系统的运行效率，已成为各油田节能降耗、降低生产成本、提高经济效益的一个重要的问题。在提高机械采油系统运行效率、降低采油成本方面，大庆油田第四采油厂杨海波做了大量的革新创效工作，针对注聚井便携式取样器取样时间长、冬季易冻结的问题，研制了“注聚井固定式井口在线取样器”，替代目前普遍使用的便携式取样器；针对聚合物驱抽油机负荷大、皮带耗损严重的问题，对皮带配型及结构进行了改进，使皮带使用寿命大大增加，节约了成本。多年来，杨海波运用所学知识先后完成革新成果 41 项，获得国家专利 12 项，累计创造经济效益 102 万元。

二、案例介绍

杨海波，1976 年 5 月出生，中共党员，成人大学学历，现为第四采油厂第一油矿北六队采油工，集团公司技能专家。她 21 岁荣获全国技术能手；26 岁被破格聘为采油技师；30 岁被聘为采油高级技师；33 岁成为了大庆油田最年轻的采油技能专家；37 岁又成为了中国石油天然气集团公司采油技能专家。先后获得大庆油田功勋员工、黑龙江省五一巾帼标兵、全国妇女创先争优先进个人、全国五一劳动奖章、全国五一巾帼奖章等荣誉。主编和参编的专业技术书籍达 16 部。

1994 年，杨海波以优秀的成绩成为当年为数不多的五级工毕业生，分配到了油田。在中转站上的第一个夜班，外输油泵密封填料突然发生刺漏，大量原油从泄漏点喷出，吓得杨海波不知所措，她和另一名女工反复填加填料几次都没有成功，直到站长赶到后，才排除故

第四采油厂第一油矿北六队采油工杨海波

障。这件事让她羞愧不已，也看到了自身的差距。从那以后，杨海波开始埋头苦练操作技能，对于各项训练，更是严格要求自己。她从小就怕上高，可调整抽油机曲柄平衡时，要登上离地面近 3 米高的曲柄，为了适应这项高空作业，她一有空就站上去练胆量，一练就是几个小时。更换五六十斤重的抽油机皮带是男人都叫苦的力气活，杨海波力气小、速度慢，可她有股不服输的劲，坚信男同志能做到的自己也一样能做到。她坚持每天至少更换皮带 15 次，很快胳膊练出了肌肉，力气有了，速度快了，可肩膀和大腿也都磕碰得青一块、紫一块的。为了掌握更多型号抽油机的构造和工作原理，她拿着书本在一条离家较近的井排路上往返过无数次，对照实物一点点地理解记忆，每次都要徒步往返七八公里。同事都说她太倔、太傻，可杨海波坚信，成功总会垂青于勤奋好学的人。在工作的第三年，她参加了全国青年岗位能手技能运动会，获得套螺纹单项比赛的最好成绩，综合成绩排名第十名。2002 年提前 9 年被大庆油田破格聘为采油技师。

2008 年，大庆油田在水驱开发的基础上，采取三元复合驱油技术来提高原油产量。由于当时工艺技术不够配套，虽然产量高了，但工人劳动强度大，杨海波就主动请缨调到三元复合驱采油队。一次聊天，维修班长无意中说了一句“咱们队皮带太费了，三天两头就得换一次。”这话引起了她的注意。后来通过了解知道，采用聚合物驱油后，抽油机的负荷大，皮带耗损严重，仅 2008 年皮带消耗费用就高达 44 万元。为解决这一难题，杨海波主动和另外 5 名技师自发组成技术攻关小组，跟“费钱的皮带”较上了劲儿。没有经验可以借鉴，没有专业人员指导，他们就一边现场调查、分析原因，一边查阅书籍、理论计算，最终筛查出了皮带轮配型不合理、部分皮带轮包角小等问题，并及时进行改进，在保证抽油机时率和减轻劳动强度的前提下，使皮带消耗量下降了 43%，年节约材料费 24 万多元。

精心培训、传技育人，杨海波致力提升员工的职业操作技能。近几年，大庆油田的驱油方式越来越复杂，对员工的素质要求也越来越高。杨海波觉得，作为一名油田培养出来的技能专家，有责任、有义务把经验总结出来，传授出去，带动大家一起不断学习、共同提高，为提升员工队伍整体素质做点贡献。

2012 年，一矿成立了以杨海波名字命名的“海波培训室”，这使她有了更多的机会把自己的所学所长传授出去。她在坚持干好本职工作的同时，针对员工技能水平高低，实施个性化培训，将员工分成了五类人群，开办四类特色培训班，总结提炼出“5+4”培训法，先后整理了50多万字的学习笔记。为了激发员工学习兴趣，杨海波带着培训师团队经过100多天的连续奋战，推翻了4套设计方案，历经上百次的改动完善，开发出了油田首套融知识性、娱乐性、互动性为一体的“员工自助学习系统”。随后，根据系统试验情况和基层员工的建议，他们又开发了便于员工职业技能鉴定题库学习的手机培训软件“海波题库通”，真正实现了员工的自主学习、自助考试、自我提升。海波培训室成立三年来，累计培训员工3000余人次，8人晋升为高级技师，1人被评为集团公司技术能手，120人获得公司、厂级技术能手。“海波培训室”被授予“全国示范性劳模创新工作室”“黑龙江省技能大师工作室”“黑龙江省劳模创新工作室”等荣誉称号。“5+4”培训工作法获得全国石油石化系统职工先进操作法一等奖，“采油厂员工自助培训平台的研发”获得国家发明专利和油田公司重大技术革新一等奖。

三、思政点睛

杨海波把当一名“技能型工人”作为自己的人生追求，苦练技能，奋力拼争；把对采油工作的热爱融入自己的工作岗位，攻关解难，为企创效；把尽职尽责抓培训作为自己的光荣使命。作为未来油气钻采领域的从业者，我们在以后的工作中，一定要像杨海波一样刻苦钻研，勇于创新，在平凡的岗位上书写壮丽的人生。

工匠——杨海波

追溯大庆油田的发现，唱响“我为祖国献石油”

课程 石油工程Ⅲ（钻井工程）

教学知识点 钻井发展的历程

案例教学目标 通过介绍大庆松基三井的发现故事，讲解大庆油田的诞生历程，引导大家对石油工程产生学习的兴趣，培养学生扎根基层、不断创新的工匠精神。

案例编写人 张景富

一、问题引入

六十年来大庆油田源源不断地把“黑色血液”输送到全国各地，一代又一代大庆石油人始终高唱“我为祖国献石油”的主旋律，为工业经济高速前行的“巨轮”提供了澎湃不竭的动力。大庆油田的发展史，就是一部自力更生、艰苦创业，为油拼搏、为油奉献的历史。

二、案例介绍

19 世纪中叶，加拿大著名地质学家亨特首次提出石油成因理论。他详细阐明了低等海洋生物可能是石油的原始母质，在北美古代岩石中，曾产生沥青有机物质，或是由海洋植物衍生而来，或是由动物残余物衍生而来。此后，西方石油地质学家大都认为，几乎所有石油都产生于海相沉积物中。这种海相生油理论命定地将中国划在了贫油圈子里，因为我国地质构造大都属于陆相沉积。同时美国出版的《石油事实与数据》统计中，也把我国同日本、土耳其、澳大利亚等国一并列为石油远景最差的国家。因此，我国不少地质学家对从中国找油抱着悲观态度。

为了甩掉中国贫油落后的帽子，实现石油的基本自给，开创中国石油工业的新纪元，石油工业部对石油发展战略进行了新的部署，改变了以往石油工业人力、物力全部集中在大西北的现状，加强对东北松辽、华北等地的勘探力量，奏响了石油勘探战略东移的序曲。在一望无际的松辽平原上，石油勘探大会战打响了。当时陆相生油理论已在大西北得到了证实，经过地质工作者们长期野外调查，在松辽盆地也证实了地层里存在含有大量古生物化石的暗色地层，这可能是很好的生油层。在地质部钻的一些浅井中见到了含油的岩心，更证明了松辽盆地确实有油生成。但是由于最早钻探的松基一井和松基二井见到的是较薄的生油层，且没有见到油气显示，那么下一口井怎么部署就成了能否有所突破的最重要的事情。经过专家们反复研究，认为大同镇高台子为最佳的井位所在。1959 年 9 月 26 日，大同镇高台子的松基三井开采成功，随着褐色油流喷出，标志着一个世界级特大型陆上砂岩油田——大庆油田横空出世，中国石油工业历史由此被改写。大庆油田的发现和开发，证实了陆相地层能够生油并能形成大油田，并且丰富和发展了石油地质学理论，改变了中国石油工业的落后面貌，对中国工业发展产生了极大的影响。

1960 年 2 月，党中央批准石油工业部关于开展大庆石油会战的报告。在举国上下通力支持下，37 个石油厂矿院校参战的 1 万多人和 3 万多名转业官兵相继到达萨尔图地区，集结在百里荒原。一场千军万马的艰苦创业史，从此拉开序幕。铁人王进喜郑重地对着万人宣誓："宁肯少活二十年，拼命也要拿下大油田"。当时由于"大跃进"和"反右倾"错误造成的危害，加上自然灾害和外援中断，国家能拿出的投资很少，4 万多人、几十万吨设备，一下子集结到大草原上，生产、生活都出现了严重困难。参战人员住牛棚、马厩、干打垒、地窝子，因为缺粮少菜，四千多人得了浮肿病。周总理在视察大庆油田时动情地说："艰苦是一个事实，说不艰苦是假的，人家卡着我们脖子要债，又遇上自然灾害，但我们只要坚持艰苦奋斗、自力更生，将来一定会好起来的！"在此种恶劣的环境下，铁人王进喜和战友们经过艰苦奋战，仅用 3 年时间，就探明了面积达 860 多平方公里的特大油田，累计生产原油 1166.2 万吨，占同期全国原油产量的 51.3%，改变了新中国石油工业的落后面貌，实现了石油基本自给自足。

在大庆油田的发展过程中，党和国家领导人给予了高度的关注和肯定。1964 年，毛泽东同志亲自发出"工业学大庆"的号召。1978 年，邓小平同志做出了"建设美丽的大庆油田"的重要指示。1990 年，江泽民同志视察大庆时，高度概括了"爱国、创业、求实、奉献"的大庆精神，并于 1995 年亲笔为大庆题词"发扬大庆精神，搞好二次创业"。1996 年，胡锦涛同志在接见大庆油田主要负责同志时强调，要"珍惜大庆光荣史，再创大庆新辉煌"。2009 年，习近平同志在出席油田发现 50 周年庆祝大会时强调指出："大庆的成长和辉煌，见证了中华人民共和国的成长和辉煌；大庆的探索和成功，体现了党领导人民进行社会主义建设、进行改革开放的探索和成功；大庆的成绩和贡献，已经镌刻在伟大祖国的历史丰碑上"。

回眸过去的 60 年，大庆油田创造了世界领先的陆相油田开发水平，曾先后三次获得国家科技进步特等奖，水驱、聚驱、复合驱等核心技术世界领先，主力油田采收率突破 50%，比世界同类油田高出 10~15 个百分点。应用三次采油技术获得的原油产量连续 17 年超过千万吨，最新推广的三元复合驱技术产量已突破 400 万吨，使我国成为世界上最大的三次采油基地。油田勘探开发与"两弹一星"等，共同载入我国科技发展的史册。目前，大庆油田已累计取得科技成果万余项，其中，获国家级奖励 120 多项、省部级奖励 890 多项、国家专利 2500 多项。

三、思政点睛

如今大庆油田已整整走过了 60 年的辉煌历程。60 年来，伴随着共和国发展的强劲足音，大庆油田如奔腾的血液，注入强壮的肌体，支撑着国家石油战略安全。我们要继承和发扬大庆精神、铁人精神，热爱石油事业，践行知识分子的使命和担当，为我国石油工业的发展做出贡献。

迎难而上，科技报国，助力我国钻井技术进步

——记井眼轨迹理论奠基人苏义脑院士

课程 石油工程Ⅲ（钻井工程）

教学知识点 井眼轨迹设计

案例教学目标 通过介绍苏义脑院士科技报国、迎难而上、突破国外技术垄断的事迹，引导大家树立崇高理想、为国奉献的精神。

案例编写人 侯兆凯

一、问题引入

讲到井眼轨迹设计，我们首先想到的一定是苏义脑院士，是他率先把工程控制论和航天制导技术引入钻井工程，开拓“井眼轨道制导控制理论与技术研究”新领域并取得重要进展，为推动我国钻井技术进步和提升国际竞争力做出了重要贡献。

二、案例介绍

苏义脑，1949 年 7 月生于河南偃师，1988 年获得博士学位。20 世纪 70 年代末，我国定向井钻井技术刚刚起步，所需螺杆钻具仅美国和苏联有，并且价格昂贵。为了摆脱这种关键工具依赖进口的局面，我国开启了“螺杆钻具研制”的攻关任务，当时还是研究生的苏义脑，参加了中国第一台螺杆钻具样机的研制攻关，并亲自参加了国产螺杆钻具首批 3 口井的现场试验，研究成果得到专家和领导的高度评价。

1984 年，苏义脑作为博士研究生，参加了国家“七五”重点科技项目“定向井丛式井钻井技术研究”的攻关。为把握住这个为国效力的机会，完成这个神圣任务，苏义脑主动放弃了国外攻读博士学位的机会。1986 年，苏义脑从文献资料中了解到国外在定向井连续控制方面的最新进展时，敏感地意识到这将是一项突破，但在国内难以推广应用，必须根据我国国情，开发出实用的连续控制钻井工艺技术。当时他已基本完成博士论文任务，不久即可申请答辩，但苏义脑抑制不住“再来一个创新”的冲动，毅然自选课题决心一试，并纳入论文范围。接着苏义脑就着手建立力学模型，分析计算、设计工具和工艺。1987 年，苏义脑二上辽河，七赴大港，为实验这一新技术来回奔波。寒风中仍坚持在井场进行试验，实在太冷了就靠近柴油机取暖。经过 14 年的潜心研究，终于形成了一套适合我国国情、便于推广应用的钻井新技术，产生了良好的技术效果和显著的经济效益，并于 2002 年荣获国家科技进步二等奖。

1988 年获得博士学位以后，苏义脑带着将钱学森先生的《工程控制论》引入油气井井眼轨道控制领域的想法，到北京航空航天大学从事博士后课题研究，开始探索“井眼轨道制导控制理论与技术研究”新方向，提出了实现“闭环控制”和“用手段解决问题”的新观点。苏义脑开始的路走得艰难而又谨慎，从问题性质的判断到新概念的引入或述立，从对新领域内涵的思索和界定到一系列研究课题的分解，从系统模型、方程、边界条件的推演和确定到某项专利方案的构思和设计，无不伴随着反复的徘徊、反思、自我诘问和自我验证，并且基本上是以“业余”方式进行和完成的。此后他又提出井下控制工程学这一新分支的学科框架，做基础性研究并组织攻关。通过他和团队 30 年的耕耘，井下控制工程学 2008 年成为石油与天然气工程一级学科学位教育下的新分支。这期间苏义脑院士带着团队历经 10 年努力，成功研发拥有我国自主知识产权的 CGDS 地质导向系统和一批相关高端仪器系统。

20 世纪 90 年代以来，全球石油工业找油找气难度不断加大，我国的油气钻井工程遭遇很多世界性技术难题。为了提高复杂地质条件下探井的发现率和开发井的采收率，特别是提高薄油层水平井的钻遇率和产量，我国迫切需要地质导向钻井技术。1990 年，苏义脑参加了国家“八五”重点科技项目“石油水平井钻井成套技术研究”的攻关，负责“水平井井眼轨道控制理论与技术”专题，工作内容主要包括导向钻具研制、控制工艺研究与科学实验井的现场控制施工。苏义脑在短短的几个月中，成功研制系列产品，解决了钻水平井要从国外购买专用工具的问题；进一步提出预测工具造斜能力的“极限曲率法”和轨道控制方案设计的“应变法”，并在亲赴大庆油田进行工具先导试验的基础上完成了树平 1 井的控制方案设计。

1991 年 8 月，苏义脑和专题组的几位同事在大庆油田参加我国第一口中曲率薄油层水平井轨道控制的现场施工，大家齐心协力，团结奋战，克服重重困难，创出了在井下 2080m 深处准确钻入 6m 靶窗仅偏离靶中线 0. 14m 的高精度指标，赢得了美国同行的高度赞扬。

1997 年，这项由中国石油天然气总公司组织、762 名科技人员参加的国家重点科技项目“石油水平井钻井成套技术研究”的攻关成果，获得国家科技进步一等奖，并被评为“八五”期间为国民经济贡献巨大的十大攻关成果之一。

苏义脑院士长期从事油气钻井工程技术研究，在定向井、丛式井、水平井等方面有较深造诣。在钻井力学、轨道控制、井下工具和井下控制工程研究领域有多项创新成果居国际先进水平，创造了巨大的经济效益。他创造性地把工程控制论和航天制导技术引入钻井工程，开拓新领域，提出井下控制工程这一新概念并做开拓性基础研究；主持研发成功具有独立知识产权的 CGDS 地质导向钻井系统，为推动我国钻井技术进步和提升国际竞争力做出了重要贡献。2003 年当选为中国工程院院士，多次获得国家科技进步奖、国家发明奖和其他国家及省部级奖励，获得中外专利 18 项，出版专著 7 部，编译著 4 部；论文 160 余篇；被评为国家“中央企业劳动模范”称号、中国石油天然气集团公司“特等劳动模范”和“首届铁人奖章获得者”。

“在能源问题、石油问题日益凸显的形势下，‘我为祖国献石油’就是我这个石油科技工作者和新中国同龄人的愿望和誓言……莫道功成该歇马，又扬飞鞭上征途。”苏义脑院士这样写道。这就是苏义脑，一个想国家之所想、急国家之所急，兢兢业业为祖国石油发展奉献一切的人。

三、思政点睛

苏义脑院士想国家之所想、急国家之所急，尽管经历艰难曲折的求学之路，但科技报国的信念始终不变，为推动我国钻井技术进步和提升国际竞争力做出了重要贡献。作为当代大学生，我们应该从苏院士身上学习我国科技工作者严于律己、孜孜不倦的工作态度，为祖国石油工业发展和石油科技进步无私奉献的精神，树立为祖国争光的远大抱负。

坚守初心，勇攀高峰，用青春和热血报效祖国

——记水射流钻井理论的拓荒者沈忠厚院士

课程 石油工程Ⅲ（钻井工程）

教学知识点 钻井参数优化方法

案例教学目标 通过介绍沈忠厚院士等老一代石油人迎难而上、坚守科研的攻关行动，引导大家树立崇高目标、勇攀科研高峰的奉献精神。

案例编写人 李玮

一、问题引入

早期石油钻头的设计都是建立在机械破碎岩石基础上，钻头易磨损且钻速较慢。20 世纪 40 年代末，喷射钻井技术的出现是石油钻井技术的一场革命，喷射式钻头与钻头水力学应运而生，钻井水力参数是影响机械钻速的主要因素。20 世纪 80 年代中期，沈忠厚院士首次提出水射流结合机械破岩的概念，开启了机械及水力联合破岩的新阶段，钻井速度得到大幅提高。经过多年研究，该技术在石油钻井技术领域获得了重大发展和多项发明，填补了我国在该领域的空白，并在工业应用上取得了显著的经济效益，为石油钻井工程应用新技术提高钻井速度和经济效益开辟了一条新路径。

二、案例介绍

沈忠厚，1928 年出生，四川省大竹县人。1951 年毕业于重庆大学矿冶系，并留校任教。从此，他就把推动钻井科技的发展作为己任。随即就带领学生到玉门油矿实习，一待就是一年多，其间与后来被誉为“铁人”的王进喜成了朋友。当时，全国总共只有几台钻机，都集中在玉门，各种钻采人才加起来才几百人。初到玉门时，他发现当地人生活条件苦、现场气候恶劣，深深感触到：偌大一个中国，靠这么一点人力物力找油、采油，无异于大海捞针，贫油国的帽子，又怎能不紧扣于我们头上？

一份庄严而神圣的责任感在沈忠厚心底油然升起：这辈子，铁定决心搞石油，自己的青春年华，要融入这片黑色的海洋，石油工业所面临的尴尬与选择、新中国对石油的强烈需求……这些都是沈忠厚忘不掉甩不下的牵挂。“怎样打下扎实的基础，这才是勘探、钻井、采油的前提”。回到重庆大学后，他全身心投入教学科研工作，钻研科技，扎根讲台，沈忠厚笃定了信念，数十年如一日地为中国的石油事业夯实基础。

1955 年，沈忠厚到北京石油学院任教，此后参加过大庆油田等石油会战，积累了丰富

沈忠厚参加石油会战

的现场经验。20 世纪 60 年代初，沈忠厚主要从事的是固井方面的研究，直到参加石油会战，在油田现场看到国家花费数百万至数千万来打一口油井，但石油开采的效率却十分低下，他便有了转攻钻井研究方向，通过提高钻井速度来提高钻井效率、降低钻井成本的想法。

利用油田废料自行设计的实验装置

沈忠厚在美国实验室

机械水力联合破岩钻头

当时，国内的钻井工艺是追随美国人的步伐，“跟在别人身后，充其量只能当老二，弄不好还会排到老三、老四的位置。”沈忠厚不甘心。一次偶然的机会，沈忠厚教授在成都飞机公司参观时，看到了水射流切割机，看起来温柔的流水，切割起坚硬的合金材料就像切豆腐一样容易，且表面非常规则，沈忠厚一下子就连想到了困扰他多年的钻头。至此，他就瞄准了水射流技术并作为自己的主攻方向。

20 世纪 60 年代以来，在我国大多数石油专家对喷射钻井还十分陌生的时候，美国早已开始了喷射钻井的研究，并在此基础之上研制出喷嘴钻头，但并没有得到大力推广，因为由喷射所带来的许多悬而未决的难题，始终困扰着这些洋专家。一个重要的难题就是对射流的大小无法很好地控制，从而直接影响到射流在井底对破岩的控制，这是因为他们在从事喷射钻井的研究中，没有从根本上解决淹没非自由射流的衰减规律，更无法定量地解决射流在井底的衰减规律。

除了在理论上悬而未决的难题，美国专家也无法很好地解决喷嘴的寿命问题，认为水射流从喷嘴到井底，这中间的情况就像一盆浆糊，情况太复杂，无法计算。这是导致喷嘴钻头不能推广的重要客观原因，当时的喷嘴寿命一般只有 20~30 小时。

沈忠厚一研究就是二十年，刚开始做水射流研究时，共事多年的同事曾经劝他不要做，因为水射流在国内外都已有研究，是老掉牙的东西了。但是沈忠厚觉得老掉牙的东西当中也有未被发掘的东西存在，很多新事物都是在老掉牙的事物上发展起来的。熟悉沈忠厚的人都对他有一个深刻的印象，那就是锲而不舍，认准了一件事就一定会坚持做下去直到成功。沈忠厚常对学生们说，做科研要有恒心，要坐得住冷板凳，绝对不能追求短平快，要踏踏实实地打好每一步基础。他总结自己成功的原因时，说因为自己有一种“傻子”思维，不会投机取巧，认准了一件事就会一门心思做下去。

沈忠厚决定先利用大量的实验数据建立理论计算模型，再利用现有的成熟理论对实验结果进行检验。几十年如一日地工作，终于结出了丰硕的成果，在淹没非自由射流动力学规律以及压力和水功率衰减规律研究方面取得了重要突破：首次提出了钻井工程以井底岩面获最大水功率为目标函数，优选水力参数的新方法和模型，建立了新的水力设计理论，彻底解决了困扰世界的井底水功率难题。

沈忠厚工作照

1986 年，沈忠厚撰写了《淹没非自由射流压力衰减规律研究和井底水力参数计算》的论文，并在第二届国际石油工程会议上宣读，由此创建了石油钻井水力设计的新方法和新理论。美国石油工程师协会极力推崇这一理论成果，中国石油工程专家在喷射钻井方面走到了世界前沿。

很快，根据此理论成果设计的第一代钻头——加长喷嘴牙轮钻头于 1989 年诞生了！与普通钻头相比，加长喷嘴牙轮钻头在相同的条件下，井底水功率提高 30%~40%，井底压力提高 1 倍，井底压力梯度提高 1.5 倍以上。根据在全国 13 个油田使用后返回的 400 多只钻头资料统计表明，钻井平均机械钻速提高 30%，平均单只钻头进尺提高 40%。在全国 13 个油田推广使用的 3300 只加长喷嘴钻头，获直接经济效益 1.7 亿元。该成果就获得了国家科技进步二等奖，省部级科技进步一等奖，并获两项国家专利和一项美国专利，还获得国家发明奖。

2001 年，沈忠厚当选为中国工程院院士。他多次获得国家科技进步奖、国家发明奖和其他国家及省部级奖励，获得中外专利 13 项，被评为能源系统特等劳动模范、国家科学研究事业有突出贡献专家。他是中国杰出的油气井工程技术专家、水射流专家、教育家，油气井工程学科的奠基人。

三、思政点睛

石油工业是国家能源工业的主力军，需要一大批技术骨干为之奉献热血。作为新时代的大学生，我们更要学习沈忠厚院士高尚的学术风范，树立崇高的人生追求，以集体主义价值观为核心内容，培养甘于寂寞、乐于奉献的科研精神，培养报效国家、回报社会的责任感。

开拓进取，跨越固井技术新台阶

课程 石油工程Ⅲ（钻井工程）

教学知识点 固井介绍

案例教学目标 通过讲解固井专家黄柏宗教授的事迹，树立大家“为国争光、为民族争光”爱国信念，传承“自主学习，团结合作”的科研精神。

案例编写人 侯兆凯

一、问题引入

为了达到加固井壁，保证安全钻进，封隔油、气和水层，保证勘探期间的分层测试及在整个开采过程中合理的油气生产等目的而下入套管，并在井壁与套管环空充填水泥的作业，称为固井工程。固井不仅关系到油气井能否顺利建井，还影响到投产后油气井质量的好坏、油气井寿命的长短及油气井产量的高低，其作业成本在整个钻井工程中占有很大的比例。固井技术一直都围绕如何进一步提高固井质量及减少固井事故这一最终目标而发展。

二、案例介绍

“要让中国科技事业在世界上占有一席之地，为国家争光，为民族争光”，这是我国固井专家黄柏宗教授一生的心愿，也是他为之奋斗的目标。黄柏宗，1935 年 6 月生于湖南嘉禾，我国第一家固井研究室奠基人、创建者，是现代固井水泥外加剂领域开拓者，首次楔入油井水泥及外加剂 API、ISO 国际标准的中国人，是美国 API SPEC-10A、API SPEC-10B 委员会委员、国际标准化组织第 67 届技术委员会三分会委员，享受国务院颁发政府特殊津贴。先后主持完成 19 项国家、省、部级重大科研项目，在国际会议和国际刊物上发表论文 4 篇，撰写著作 6 部，在国家级刊物上发表论文 60 余篇。1995 年被评为中国石油天然气总公司“七五”“八五”做出突出贡献的先进个人，并被授予总公司劳动模范称号，同年被评为天津市优秀共产党员，1992 年被授予国家级有突出贡献的专家称号。

1956 年，黄柏宗毕业于吉林大学化学系物理化学专业，被分配到中国科学院工程力学研究所工作。从此，他便在科学的征程上开始了艰难的探索。1976 年，他跨入石油战线选择了从未涉及的领域——固井。固井室一成立，黄柏宗教授就将全部精力倾注固井技术开拓上。有人讥讽黄柏宗教授不知天高地厚，但他坚信，只要肯下苦功夫，一定会获得成功。他跑遍了北京、天津的各大图书馆，将点点滴滴的有关固井的材料整理归案。不管是严冬还是酷暑，在他的日程表里没有节假日、没有 8 小时内外之分。功夫不负有心人，黄柏宗教授同固井室的同志们经过一段时间的艰苦奋战，先后完成了中原和辽河油田关于保护产能钻井完井技术的课题研究，并获得部级科技成果一等奖、国家级三等奖。

随后，黄柏宗教授主动承担了以葡庚糖酸盐为主体的 S12 油井水泥缓凝剂的研究。葡庚糖酸盐通常用氰化物合成，而氰化物含剧毒，微量就可以使人毙命，因此这种方法很少有人敢尝试。为使我国固井水泥外加剂赶上世界先进水平，黄柏宗教授和同志们不顾个人安危，经过十几年的潜心研究，改进了葡庚糖酸盐的合成方法，终于在 1990 年合成出无毒的葡庚糖酸盐，在油田应用上获得巨大成功，赶超了世界先进水平。

1994 年 8 月，云南“陆一”在钻采过程中，由于处置不当发生强烈井喷，大火烧毁了井架，造成巨大损失。虽然“陆一”井的大火随后被扑灭，但井喷仍在继续，严重污染环境、威胁着工农业生产和人民的生活。1996 年 1 月，为了有效控制井喷，滇黔桂石油局决定在距“陆一”井口 30 米的地方设计钻一口救援井作为主井的分流泄压井，特约黄柏宗教授领导的课题小组参加。黄柏宗教授深知：这是一场只能成功不能失败的硬仗。他们以最快的速度组成参战小组，迅速赶到现场，投入紧张的工作中。经过深入调查，黄柏宗教授决定采用新研制的防气窜固井外加剂及塞流顶替技术。由于环境潮湿和长时间的工作，黄柏宗教授关节炎发作了，骨关节针刺般地疼痛，豆大的汗珠不停地流下来，但他始终咬牙忍着疼痛，坚持奋战在第一线，最终成功完成了固井任务。

为了拓宽我国石油固井事业在国际上的影响，黄柏宗教授向挪威 ISO 送去题为《模拟井下温度、压力条件下的水泥浆沉降稳定性研究》的论文，受到国际标准委员会的关注。美国石油学会（API）和国际标准化组织邀请他去参加讨论会，美国石油学会及国际标准化组织在新标准中将水泥浆沉降稳定性作为标准的新内容之一。黄柏宗教授以一个共产党员的执著追求，将我国固井水泥外加剂技术推向了世界，使我国固井水平跃上世界新台阶。

三、思政点睛

黄柏宗教授在跨入固井领域后经过不断的自主学习，与同志们一道努力，共同克服重重困难，成功地合成出了无毒的葡庚糖酸盐，成为现代固井水泥外加剂领域的开拓者。黄柏宗教授这种自主学习、刻苦攻关、团结合作的科研精神使我国固井水平跃上世界新台阶，作为当代大学生应当以黄柏宗教授为榜样，努力学习文化知识，为国家争光，为民族争光。

重温中国古代辉煌的钻井史，增强民族自信心

课程 石油工程Ⅲ（钻井工程）

教学知识点 钻井技术历史

案例教学目标 通过介绍中国古代钻井史，并与世界钻井史进行比较，增强学生的民族自豪感和自信心。

案例编写人 范森

一、问题引入

钻井就是从地表向下创造一个筒形的通道，最初的目的是为了汲取地下饮用水和盐水，近代用来开采地下的石油和天然气。石油工业的发展离不开钻井技术。现代钻井技术的应用大幅度降低了石油勘探开发成本，增加了世界油气探明储量和供应量。钻井大体经过了挖掘井技术、顿钻井技术和旋转钻井技术三个发展阶段，在前两个阶段中，中华民族都处在该项技术的最前列，中国古代钻井技术有着辉煌的历史。

二、案例介绍

公元前225—251年，蜀郡太守李冰“……又识齐水脉，穿广都盐井诸坡池”，从此拉开了人类凿井采卤熬盐、发掘地下资源的历史序幕。

公元618—907年间，四川成为大口径浅井采卤的集中地区，其中的“陵卅盐井……周围四丈，深五百四十尺。”即井口宽约十余米，井深178米。每掘一井，成百上千人劳作，场面极其壮观。

公元1041—1053年，经过历代劳动人民的摸索积累，井盐凿井工艺获得长足进步和重大突破，形成并创立了一整套顿钻钻凿小口径深井（卓筒井）的精湛技术，使中国古代钻井技术得到完善与定型，从而奠定了现代钻井技术的雏形。四川地区的井盐开发生产由此进入一个新的发展时期，百余年间盐井总数骤增数倍。正如北宋文学家苏轼考察所记述的：“自庆历、皇祐以来，蜀刃开筒井，用圜刃凿如碗大……凡筒井皆用机械，利之所在，人无不知。”

公元1835—1840年，闻名世界的中国盐都——四川自贡的燊海井（原自流井、贡井），采用人工顿钻凿井方法钻达1001.42米。这是人类应用简陋钻井工具成功凿出的第一口超千米深井，它标志着中国古代钻井技术的先进，集中体现了19世纪前叶人类成熟的传统钻井

工艺所达到的技术高峰。

而1808年，美国人约瑟夫·拉夫纳采用顿钻方法才在美国的卡诺瓦地区打出第一口盐井，井深仅59英尺（约18米）。直到1845年，仍用顿钻法开凿出一口盐井创造了井深1700英尺（约518.2米）的当时美国钻井最深纪录。1852年，法国人威格诺用顿钻方法在法国维多塞斯凿成三口盐井，最深的一口仅为560英尺（约170.7米）。1800年前后，俄罗斯在东卡尔达塔赫和乌拉尔地区开始使用顿钻凿卤井，最深也仅有240米，约为787.4英尺。

上述对比可见，欧美等国应用顿钻方法钻凿盐井，是19世纪初叶才起步的，比中国整整晚了700多年。且当时国外盐井的普遍深度，不可能与清朝四川自流井地区的卓筒深井相比拟。这无疑证明中华民族的钻井文明历史之悠久、传统钻井工艺技术之精深，的确堪称中国伟大的第五发明。英国著名科学家李约瑟先生指出：人类深钻技术的故乡在中国，而中国深钻技术的发祥地在四川，“今天在勘探油田时用的这种钻探井或凿洞技术，肯定是中国人发明的。”美国学者W. W. 波迪也强调：“欧洲在中世纪很难想象到，中国已经是有几千年历史的一个伟大的未被发现的文明中心，并且在很多方面，比欧洲先进得多……中国比欧洲远为先进的许多方面之一是制盐工艺。马可波罗没有讲——他也不可能知道，中国钻凿卤井的技术和工具已经发展了一千年，或者更早些。”

今天，在世界范围内，由于人类科学技术的飞速发展，先进、高效的转盘旋转及井底涡轮钻井工艺已普遍取代趋于落后的传统顿钻钻井工艺，美国已走在现代钻井技术的前头。但是，不能否认，中国古代钻井技术的发明成就对今天钻井技术的飞跃起着举足轻重的影响，它奠定了理论基础，提供了实践依据，开创了前进道路，无疑在世界钻井技术发展史上享有重要的地位。正是由于它对推动人类文明历史进程所具有的这种特殊价值，日益激发起中外学者的浓厚兴趣和研究热情。

三、思政点睛

中国古代钻井技术作为当之无愧的现代钻井技术之鼻祖，受到了世界的赞誉和颂扬。当代大学生要为我国勤劳智慧的祖先所取得的丰功伟绩而感到自豪，同时更应加倍努力创新研究现代钻井新技术，从而使我国现代钻井水平跃居世界前列。

无私奉献，严谨治学，用钻头磨出辉煌人生

课程 石油工程Ⅲ（钻井工程）

教学知识点 钻井工具设计

案例教学目标 通过介绍钻头大王倪志福同志开拓进取、勇创一流的发明创造行动，向大家传承密切合作、坚持钻研的科研精神。

案例编写人 李玮

一、问题引入

刮刀钻头是旋转钻进中使用最早的一种钻头，结构简单，制造方便。刮刀钻头主要以切削方式破碎岩石，在软的塑形地层工作时，其切削过程类似于刀具切削软金属。在切削技术应用方面，1953 年我国著名的“钻头大王”倪志福创造了三尖七刃麻花钻，打破了一百多年麻花钻 118°直线刃的传统，独创了横刃的修磨方法，最佳地处理好钻尖锋利与强固的矛盾，大大提高了钻头的使用性能和切削寿命，在国内外切削界引起重大反响。

二、案例介绍

倪志福，男，1933 年 5 月生，曾任第十届中央政治局候补委员，第十一届、十二届中央政治局委员，第七届、八届全国人民代表大会常务委员会副委员长，中华全国总工会主席。倪志福是一位从勤学钻研、埋头实干的劳动模范，成长为真正领会社会主义政治理念的工人运动领导人、革新家、政治家。1945 年，12 岁的倪志福进入上海美孚石油公司当童工。1950 年，进入上海德泰模型工场当学徒工，其间曾在上海青工政治文化学习班、第四机械制造训练班学习。1953 年，被分配到北京永定机械厂（国营第 618 厂）五车间当钳工。同年，在工作中发明了高效、长寿、优质的“三尖七刃”钻头，生产效率和使用寿命均大幅提高，被称为“倪志福钻头”。

“倪志福钻头”在我国首先叫响，具有很大的社会影响。一时间，在技术革新、合理化建议的浪潮中，上海的“李福祥钻头”、北京的“盖文升钻头”，还有各种有名的刀具相继诞生。倪志福通过厂际的交流活动吸取各方面的经验，融合到自己的分析总结中，使三尖七刃的钻型更省力、更耐用、更高效，到了 1956 年钻型已发展到 7 种。

1964 年 10 月，北京（国际）科学讨论会举办，31 岁的倪志福同志登上国际讲坛，宣读了《倪志福钻头》一文。随后，该文在《机械工人》、《机械工程学报》和《科学通报》

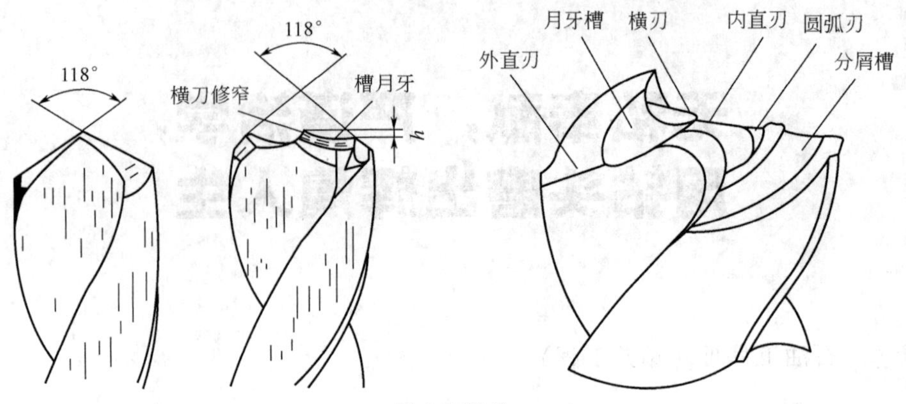

倪志福钻头

上发表。这三本刊物，一本是金属加工生产实践领域影响最大的技术刊物，一本是代表机械工程技术领域最高水准的学术刊物，一本是自然科学基础理论研究领域的权威学术刊物，此举在我国科技领域引起极大的反响，其先进性得到世界公认。

1965 年倪志福同志建议将“倪志福钻头”改名为“群钻”。因为它是群众智慧的结晶，实现了领导、专家和群众的三结合。随后，为进一步发展和推广“倪志福钻头”，加强孔加工技术的发展，倪志福同志到各兄弟厂访问调研，把握钻孔工艺情况，了解经验和难题。在经历一段时间的调研后，通过总结分析和探讨，倪志福提出了 19 种钻不同材料和工艺特性的“群钻”钻型的初步设想，为下一步试验研究、理论分析与综合定型，提出了一个很大的课题大纲。厂领导决定在技术科新技术研究室里建立一个“群钻研究小组”。

倪志福工作照

自 1979 年到 1982 年，北京永定机械厂群钻小组发表多篇文章，包括群钻小组对“群钻”研究和实践的最新进展，如“加工不锈钢和耐酸钢的断屑群钻”“钻 帱帖精孔群钻”“钻钛合金群钻”等。20 世纪 80 年代改革开放初期，全国各地掀起学习科学技术的高潮，群钻小组在《机械工人》发表“群钻问答一百例”，简明概括地介绍了“群钻”的实践与认识的基本内容。群钻小组的同志抵制了派性的干扰，按照大纲计划，围绕钻铝合金、胶木、有机玻璃、合金钢、紫铜、橡胶和钻斜孔、精孔，以及分屑、断屑等课题，在将近两年的时间里，共完成了4415次钻削试验，取得了大量的试验数据，总结定型了“67型”群钻系列，经过反复研讨，写出了20万字的《群钻的实践与认识》，于1969年3月正式出版，该书第四版取名《群钻——倪志福钻头》。1986年10月，“倪志福钻头”获联合国世界知识产权组织颁发的金质奖章和证书。

问世近50年的“倪志福钻头”，由于过去公布了技术成果而丧失了专利申请权。2001年12月，经倪志福再次改进创新，如今“多尖多刃群钻”获得国家知识产权局专利确认。2003年，唯一拥有技术专利的原党和国家领导人倪志福荣获首届“中国十大科技前沿人物”称号。倪志福与“群钻”不仅代表着我国金属加工技术载入史册的辉煌过去，也代表着我国金属技术不断创新的灿烂未来。

三、思政点睛

倪志福及其团队全身心地投入火热的科技事业，为提高中华民族的科技竞争力，实现全面建设小康社会的奋斗目标贡献智慧和力量。他们身上集中体现出我国科技工作者远大的报国志向、严谨的治学态度、活跃的科学思维、非凡的创造能力和无私的奉献精神，值得我们终身学习。

弘扬铁人精神，树立新时代健康、安全、环保理念

课程 钻井液工艺原理

教学知识点 钻井液的作用——平衡地层压力

案例教学目标 通过介绍铁人王进喜的事迹，弘扬铁人的爱国主义精神、忘我拼搏精神、艰苦奋斗精神、科学求实精神以及“老黄牛”精神，并使学生树立新时代健康、安全、环保理念。

案例编写人 赵景原

一、问题引入

钻井液基本功能之一是平衡地层压力，当钻井液液柱压力低于地层压力时，地层内流体将会进入井筒，进而产生井涌、井喷，此时需要加大钻井液密度制止井喷。大庆石油会战初期，铁人王进喜带领队伍打第二口井时发生井喷，铁人为了及时压井，跳进泥浆池搅拌泥浆，最终制服了井喷。

二、案例介绍

在20世纪70年代的电影《创业》中，我们印象最深的就是王进喜在发生井喷的关键时刻，不顾大庆冬季零下三四十度的严寒毅然奋不顾身地跳下结着薄冰的泥浆池，用自己的身体搅拌泥浆的感人场面。这是一个真实故事的再现。有人要问，为什么王进喜在井喷的时候要跳进泥浆池呢？那是为了制服突发性的井喷事故。井喷是由于钻井井筒内泥浆柱的压力低于地层中流体压力所造成的，这时，地层内大量的流体侵入井筒，并逐步上窜至井口造成钻井的溢流、井涌，最后发生井喷。当井喷发生时，为制服井喷就要将密度较高的钻井液打入井内，使井筒内的压力大于地层流体的压力，压住地层流体并使其不再向井筒内侵入，通过钻井液的多个循环周期，使钻杆内外的钻井液密度均匀后，井喷的压井工作即可结束。

在电影中，当时的情况是井喷已经发生，大量的油气夹带着泥沙从井中喷出，喷出高度达到30米左右的井架二层平台，钻井队的工人们为了压井正在配制重泥浆，现场没有加重的设备和重晶石粉，工人们只能将一袋袋水泥代替重晶石粉倒入泥浆池内，大量的水泥粉沉入泥浆池底，起不到提高池内泥浆密度的作用，为了将水泥尽快混入泥浆并搅拌均匀，在这万分紧急的关键时刻，“铁人”奋不顾身地跳进泥浆池用身体搅拌泥浆，在他的带领下其他工人也相继跳进池内。经过搅拌加重后的钻井液打入井内后，强烈的井喷被制服了，油井和

钻井设备保住了，一场灾难性的钻井事故避免了。

铁人跳进泥浆池

王进喜是中国第一代钻井工人，在玉门油田工作时，担任贝乌5队的队长，带领队伍创出月进尺5000米的全国钻井最高纪录。余秋里部长、康世恩副部长把一面“钻井卫星”红旗颁发给他。贝乌5队被命名为“钢铁钻井队”，王进喜被誉为“钻井闯将”。1959年9月，王进喜出席建国10周年国庆观礼。休会期间，王进喜看到行驶的公共汽车上背着“煤气包”，才知道国家缺油，他感到一种莫大的耻辱，这位坚强的西北汉子，蹲在街头哭了起来。从此，这个“煤气包”成为他为国分忧、为民族争气的思想动力之源。

1960年2月，松辽石油大会战打响。王进喜带领1205钻井队于3月25日到达萨尔图车站，下了火车，他一不问吃、二不问住，先问钻机到了没有、井位在哪里、这里的钻井纪录是多少，恨不得一拳头砸出一口油井来。1205队的钻机到了，没有吊车和拖拉机，汽车也不足。面对极端困难和恶劣环境，王进喜带领全队工人用撬杠撬、滚杠滚、大绳拉的办法，“人拉肩扛”把钻机卸下来，运到萨55井井场，仅用4天时间，把40米高的井架竖立在茫茫荒原上。井架立起来后，没有打井用的水，王进喜组织职工到附近的水泡子破冰取水，带领大家用脸盆端、水桶挑，硬是靠人力端水50多吨，保证了按时开钻。

萨55井于4月19日胜利完钻，进尺1200米，创5天零4小时打一口中深井的纪录。1960年4月29日，1205钻井队准备往第二口井搬家时，王进喜右腿被砸伤，他在井场坚持工作。由于地层压力太大，第二口井打到700米时发生了井喷。危急关头，王进喜不顾腿伤，扔掉拐杖，带头跳进水泥浆池，用身体搅拌水泥浆，最终制服了井喷。

王进喜用自己的行为充分阐释了铁人精神，即“为国分忧、为民族争气”的爱国主义精神；“宁肯少活20年，拼命也要拿下大油田”的忘我拼搏精神；“有条件要上，没有条件创造条件也要上”的艰苦奋斗精神；“干工作要经得起子孙万代检查”“为革命练一身硬功夫、真本事”的科学求实精神；“甘愿为党和人民当一辈子老黄牛”，埋头苦干的奉献精神等。铁人精神无论在过去、现在和将来都有着不朽的价值和永恒的生命力。

现阶段，我们仍然要学习、发扬铁人精神，从王进喜到王启民再到李新民，三代铁人，血脉相传。当前，我们在提倡爱国奉献精神的同时，要建立注重生命、生产安全，注重人员健康，注重环境保护的HSE观念。当年，铁人王进喜跳进泥浆池中，对当时的国家来说是不惜代价去开采石油。如今，国家需要的是在以人为本的前提下，用尽量低的经济成本和环境成本开采更多的石油。

三、思政点睛

为了及时制止井喷，铁人王进喜奋不顾身跳入泥浆池。铁人精神值得我们永远传承，新时期我们应该以新的方式践行铁人精神。在传承、践行铁人精神的同时，要建立健康、安全、环保观念，将人员健康、生产安全和环境保护有机统一起来。

强化学科交叉融合，用赤诚谱写石油精神

课程 钻井液工艺原理

教学知识点 抗高温钻井液处理剂

案例教学目标 通过介绍罗平亚院士的科学思想及其分析方法，引导学生学习老一辈科学家的“此生此世一定要尽最大努力为国家、为民族、为他人做点事，做点贡献”的勤奋朴实的作风和科学求是的精神。

案例编写人 曹晓春

一、问题引入

在钻高温深井时，钻井液的各项性能尤其是流变性能和滤失性能会显著变差，甚至无法完成钻井工作。要解决高温引起的钻井液问题，就必须使用抗高温钻井液体系。罗平亚院士在这方面做出了卓越贡献。

二、案例介绍

1973 年，我国决定在四川中部打第一口超 7000m 深井——关基井，罗平亚和他的同事们经过 7 年的奋战，攻克了超深井抗高温（180~220℃）钻井液技术的难关，他们研发的抗高温降黏剂（如 SMT 和 SMK）和抗高温降滤失剂（如 SMC 和 SMP）确保了钻井液在高温条件下仍然能够保持良好的流变性能和滤失造壁性能，确保了关基井的顺利钻进，并将取心记录保持了三十多年。直至现在，罗平亚院士的聚合物钻井液体系一直担当着我国的高温深井钻井液技术的主角，保障了我国钻井技术水平的稳步提升。

罗平亚院士出身贫寒，父亲早亡，生活拮据。1958 年，他考入四川石油学院（现西南石油大学），学习钻井工程专业。学校当时刚成立，罗平亚和他的同学们一边参与建校，一边刻苦学习，并奠定了他“此生此世一定要尽最大努力为国家、为民族、为他人做点事，做点贡献”的思想基础，同时也培养了他不畏艰苦、勇于奋斗的工作精神。1961 年，罗平亚被学校选进师资班学习 1 年，并被送到成都工学院（现四川大学）进修学习了两年化学。1964 年春，他回到母校任教。在此期间，罗平亚除刻苦钻研基础知识和专业知识外，还认真研读了毛泽东的《矛盾论》《实践论》和恩格斯的《自然辩证法》，这对于他形成科学的思想方法和培养卓越的创新能力起到了决定性的作用，更为他后来在石油工程领域作出的巨大贡献打下了坚实的基础。

在将基础知识与专业知识很好地融合过程中，在将理论知识运用于现场实际的过程中，罗平亚院士提出“利用高温改善泥浆性能”的新观点，开发了系列超深井钻井液体系，“井越深，温度越高，作用时间越长，性能越好，工艺越简单，成本越低”，该技术至今仍在全国深井中普遍应用，连续打成了我国多口亚洲第一深井，取得了巨大的经济效益和社会效益。我国超8000米的塔深1井是一口科学探井，在高温的三开中，罗平亚院士研发的抗高温处理剂成为抗高温防塌钻井液体系的关键，在后面的四开和五开中，罗平亚院士发明的屏蔽暂堵技术也为顺利钻进提供了技术保障。罗平亚院士团队跨越学科专业限制，从多学科融合的基础理论研究出发，设计、研制、开发和生产了多种新型油田化学剂，并形成体系和系列技术，实现了从室内研究、中试放大到油田应用的一体化发展，为石油工业的发展做出了突出的贡献。

三、思政点睛

以大庆精神、铁人精神、苦干实干、三老四严为核心的石油精神，一直是石油石化行业的灵魂和根基。从铁人王进喜在危急时刻用身体搅拌水泥浆进行压井，到罗平亚院士用高科技的“智能凝胶”控制重庆开县罗家2号井井漏事故，一代代石油人用对祖国的赤诚谱写着“我为祖国献石油”的旋律。罗平亚院士值得我们每一位石油人、每一位中国人学习，我们要努力像他一样，在新时代的风云中砥砺前行，为国家、为民族、为他人做点事，做点贡献。

牢记井喷事故教训，培养健康安全环保意识

课程 钻井液工艺原理

教学知识点 钻井液平衡地层压力功能

案例教学目标 通过介绍“12·23”井喷特大事故过程、原因，引导学生重视钻井施工过程中的健康、安全、环保问题。

案例编写人 赵景原

一、问题引入

钻井液的重要功能是平衡地层压力，当钻井液液柱压力小于地层压力时，地层中流体进入井筒，如果不能及时控制，将会发生井涌、井喷。

2003 年 12 月 23 日晚上 9 点 15 分左右，由中石油四川石油管理局川东钻探公司承钻的位于重庆开县境内的罗家 16H 井，在起钻过程中发生天然气井喷失控，引发了一场特大井喷事故，从井内喷出大量的含有高浓度硫化氢的天然气，气体迅速向四周扩散，扑向毫无准备的村庄、集镇。虽然经过多方全力抢险救援，但仍然有 243 人因硫化氢中毒死亡，4000 多人受伤，6 万多人被疏散转移，9.3 万多人受灾，直接经济损失高达 6432.31 万元。这是新中国成立以来重庆历史上死亡人数最多、损失最重的一次特大安全事故，导致开县农业生产和人民群众生活环境遭到破坏，人民群众的生命财产遭受了巨大损失。

重庆“12·23”井喷事故现场及救援现场

二、案例介绍

罗家 16H 井于 2003 年 5 月 23 日开钻，至 12 月 23 日钻进至井深 4049. 48 米，因需要更换钻具决定起钻。12 月 23 日 2 时 52 分，在仅进行了 35 分钟钻井液循环（应该循环 90 分钟）的情况下，就开始起钻作业。在起钻作业中总共提起钻杆 120 柱，灌注钻井液 38 次，但是在操作中没有遵守每 3 柱钻杆灌满钻井液 1 次的规定及时灌注钻井液，其中有 9 次是超过 3 柱才进行灌浆操作的，最长达提升 9 柱才进行灌浆。

23 日 12 时，因机械故障停止起钻操作，用了 4 个多小时进行检修。在 16 时 20 分检修结束后，没有下钻进行钻井液充分循环即继续起钻作业。21 时 55 分，录井员发现泥浆溢流，向司钻报告发生井涌，司钻发出井喷警报，井队采取多种措施未能控制局面。至 22 时 4 分左右，井喷完全失控，高含硫化氢天然气大量逸出。

罗家 16H 井现场组技术负责人王建东，为了更换已经损坏的测斜仪，在明知卸下回压阀可能造成井喷事故的情况下，还向技术员宋涛提出卸下回压阀的钻具组合方案。而面对这一明显的违规行为，作为现场技术人员的宋涛却没有提出异议。队长吴斌，明知钻井内没有安装回压阀，可能引发井喷事故，但作为钻井队队长，他既未向上级汇报，也未采取任何措施制止这一违反操作规程的行为，消除隐患，而是放任有关人员违章操作，结果导致事故发生。副司钻向一明，带领 4 名工人在罗家 16H 井进行钻具起钻操作中，在起了 6 柱钻杆后才灌注钻井液 1 次，致使井内液压力下降，违反了单位有关操作规程细则中“起钻中严格按照要求每起 3 柱至 5 柱灌钻井液 1 次”的规定及川探 12 队针对罗家 16H 井高含硫天然气井的特点所做出的“每 3 柱灌满 1 次”的规定。录井工肖先素负责对钻井作业进行监测，23 日 18 时 40 分至 19 时 40 分，录井记录已显示有 9 柱未灌注泥浆的严重违章行为，肖先素未及时发现，发现后也未立即提出警告纠正，违反有关规定，从而丧失了最后一次将事故扼制在萌芽状态的时机。

事故的直接原因是：作业人员在起钻过程中存在违章操作，钻井液灌注不符合规定；在气层钻进的钻柱中没有安装钻具回压阀，致使起钻发生井喷时钻杆内无法控制，使井喷演变成为井喷失控。防喷器组中没有安装剪切闸板防喷器，使得在井喷初期失控时，再次失去了控制井喷的机会。事故扩大的直接原因是：井喷失控后，未能及时采取放喷管线点火措施，以致大量含有高浓度硫化氢的天然气喷出扩散，导致人员伤亡扩大。事故的间接原因分别是：起钻过程中没有按规定灌注泥浆；人员撤离后未留专人在安全防护下监视井口喷势情况，检测井场有害气体浓度，因而不能及时确定放喷管线点火的时间等。

在本次事故中，罗家 16H 井在设计时违反有关规定，井口与井场周围民宅的距离不足 500 米。同时，在开钻前，没有充分了解井场周围的居民住宅、学校、厂矿等详细情况，并据此制定有效的应急预案，以至在井喷失控时，不能及时通知居民迅速撤离危险区。从罗家 16H 井开钻以来，井口周围居民丝毫不知这口井产生气体的危害性，也从来没人告诉他们如何防范有毒气体。

三、思政点睛

钻井施工过程中，要高度重视安全，建立健全的安全生产制度，严格执行安全规章。油气开发必须建立在安全生产的基础上，而不能只重视追求利润。当生产经营与安全、环境、健康发生矛盾时，应首先执行健康第一、安全至上、环境优先的原则，严格贯彻安全生产法，倡导以人为本，注重保护人权。

敢于攻坚克难，实现可燃冰开发“国际领跑”

课程 钻井工程新进展

教学知识点 可燃冰开采技术

案例教学目标 通过介绍我国可燃冰试验性试采的成果，激发石油工程专业学生“拓海”的兴趣和自豪感。

案例编写人 冯福平

一、问题引入

2020 年 3 月 26 日，自然资源部宣布，我国海域天然气水合物（又称可燃冰）第二轮试采取得圆满成功。最新数据显示，2020 年 2 月 17 日至 3 月 30 日，此次试采已持续产气 42 天，累计产气总量 149.86 万立方米、日均产气量 3.57 万立方米，是第一轮 60 天产气总量的 4.8 倍，创造了产气总量、日均产气量两项世界纪录。这是继 2017 年我国首次海域可燃冰试采成功后，取得的又一项重大成果，从探索性试采到试验性试采，我国的可燃冰产业化进程向前迈进了关键一步。

二、案例介绍

可燃冰，是天然气和水在高压低温条件下形成的类冰状结晶物质。天然气水合物具有燃烧值高、污染小、储量大等特点，多呈白色或浅灰色晶体，外貌类似冰雪，可以像酒精块一样被点燃，所以被称为“可燃冰”。1 立方米的可燃冰分解后可释放出约 160 立方米以上的天然气和 0.8 立方米的水，而且它的燃烧不会释放出粉尘、硫氧化物、氮氧化物等环境污染物，被誉为 21 世纪理想的清洁能源之一。我国海域可燃冰远景资源量约 800 亿吨油当量，具有广阔的开发前景。

“此次试采创新利用水平井开采可燃冰。”自然资源部中国地质调查局副局长李金发介绍，我国海域可燃冰第一轮试采采用垂直井钻采技术，而此次采用的水平井钻采技术，井筒可横向顺层穿越，与可燃冰储层接触的面积更大，能够有效提高产气规模。

相较于垂直井，水平井钻采对技术、工艺和装备的要求更高，难度更大，在深海浅软地层中尚无实施先例。由于深海浅部地层松软未固结，天然气水合物矿藏埋深浅，水平井建井面临着井口稳定、井壁稳定、造斜难度大等困难，犹如“在豆腐上打铁，用金刚钻绣花”，是世界性难题。为了解决这一问题，中国地质调查局总结分析了第一轮试采获取的 647 万组数据，完善丰富了“系统成藏”和“三相控制”理论，为本轮试采提供了全方位的理论支撑。另外，通过大量的室内模拟实验和陆地、海上 21 口井的 123 次试验，10 余次的推演，细化了 3000 多项施工环节，实现了从垂直井向水平井钻采技术的升级换代。

中国地质调查局试采科技团队经过两年多的集中攻关，在多个方面取得了新突破，掌握了以水平井为核心的 32 项关键技术，自主研发了 12 项核心装备，其中控制井口稳定的装置吸力锚打破了国外垄断，帮助完成了第二轮试采目标任务。这些核心装备不仅可为推进可燃冰产业化提供有力保障，而且还可在海洋资源开发、涉海工程建设等领域中广泛应用，将带动形成新的深海技术装备产业链，增强我国“深海进入、深海探测、深海开发”能力。我国 2017 年首次试采可燃冰，抢占了国际天然气水合物勘查试采科技创新的制高点，此次使用水平井钻采技术成功开采海域可燃冰，国际“领跑”优势地位进一步上升。

开采可燃冰有望再提速

三、思政点睛

2018 年东北石油大学第一次党代会提出了“做强陆上石油、拓展海洋石油、壮大新能源”的发展思路，在该思路的指引下，东北石油大学师生正在为拓展海洋石油开发不断地努力。我国可燃冰开发从探索性试采到试验性试采产业化进程关键一步的迈出，更为我们未来从事海洋油气开发指明了方向，石油工程专业学生应以我国海洋可燃冰开发国际领跑的现状感到自豪，同时也应树立献身我国深海油气开发的理想信念。

重视危化品安全管理，树立实验室安全环保意识

课程 石油工程实验

教学知识点 实验室安全、环保和法律法规

案例教学目标 通过讲述“8·12”天津滨海新区爆炸事故、“12·26”北京交通大学实验室爆炸事故和中国石油某油田分公司采油厂柯14井油罐安装爆炸事故，向学生传授实验危化品管理方面的知识，引导学生对危化品使用、储存、运输、处置过程中的安全问题保持时刻警惕，以树立良好的危化品安全管理意识。

案例编写人 张立刚　胡绍彬　刘小双　张宁

一、问题引入

石油工程实验项目中部分化学剂驱油项目涉及甲醇、乙醇、乙醚、苯、石油醚、各种酸类、碱类化学试剂等危险品，如果学生没有安全意识，在使用过程中不遵守危险化学品的安全注意事项及实验装置的安全操作方法，容易引发安全事故。下面主要通过“8·12”天津滨海新区爆炸事故、“12·26”北京交通大学实验室爆炸事故、中国石油某油田分公司采油厂柯14井油罐安装爆炸事故等案例，引导学生树立正确的实验室危险化学品安全管理和使用意识。

二、案例介绍

1.“8·12”天津滨海新区爆炸事故

2015年8月12日23：30左右，天津滨海新区第五大街与跃进路交叉口的一处集装箱码头发生爆炸，发生爆炸的是集装箱内的易燃易爆物品。本次事故中爆炸总能量约为450吨当量的TNT，造成天津塘沽、滨海以及河北河间、肃宁、晋州、藁城等地均有震感。事故现场形成6处大火点及数十个小火点，直至8月14日16时40分，现场明火才被扑灭。

事故原因是天津市滨海新区天津港的瑞海公司危险品仓库运抵区南侧集装箱内的硝化棉湿润剂散失，出现局部干燥，在高温环境下，加速分解反应，产生大量热量，由于集装箱散热条件差，致使热量不断积聚，硝化棉温度持续升高，达到其自燃温度，发生自燃，引起爆炸。调查组认定，瑞海公司是造成事故发生的主体责任单位。该公司无视安全生产主体责任，严重违反天津市城市总体规划和滨海新区控制性详细规划，违法建设危险货物堆场，违法经营、违规储存危险货物，安全管理极其混乱，安全隐患长期存在。

该事故造成 165 人遇难，8 人失踪，798 人受伤，304 幢建筑物、12428 辆商品汽车、7533 个集装箱受损。经国务院调查组认定，“8 · 12”天津滨海新区爆炸事故是一起特别重大生产安全责任事故。经案件审理，天津交通运输委员会主任等 25 名国家机关工作人员分别以玩忽职守罪或滥用职权罪判处三年到七年不等的有期徒刑。

2.“12 · 26”北京交通大学实验室爆炸事故

2018 年 12 月 26 日 15 时，北京交通大学市政环境工程系学生在学校东校区 2 号楼环境工程实验室进行垃圾渗滤液污水处理科研实验期间，在使用搅拌机对镁粉和磷酸搅拌、反应过程中，料斗内产生的氢气被搅拌机转轴处金属摩擦、碰撞产生的火花点燃爆炸，继而引发镁粉粉尘云爆炸，爆炸引起周边镁粉和其他可燃物燃烧。事故造成 3 名参与实验的学生死亡。事故调查组认定，北京交通大学有关人员违规开展试验、冒险作业，违规购买、违法储存危险化学品，对实验室和科研项目安全管理不到位。根据干部管理权限，经教育部、北京交通大学研究决定，对该校 12 名相关干部及土木建筑工程学院党委进行问责，并分别给予党纪政纪处分。

2019 年 1 月 3 日，国务院安委会办公室召开高等学校实验室安全管理工作视频会议，深入贯彻落实党中央、国务院领导同志指示批示要求，深刻吸取北京交通大学“12 · 26”事故教训，进一步推动高校实验室安全管理责任落实。

3. 中国石油某油田分公司采油厂柯 14 井油罐安装爆炸事故

2003 年 10 月 28 日 14 点 50 分，中国石油某油田分公司一采油厂因作业需要，将一个 40 立方米原油罐由勒 1 井搬迁至柯 14 井，该原油罐当年 10 月 4 日起即处于停用状态，罐中原油已放至底阀口（底阀口距离罐底 10 厘米），罐内存留有一定的原油残液，密度为 0. 806 吨/米^3。卸装吊罐过程中由于工作人员操作不规范引发了爆炸起火事故。本次事故造成 5 人死亡、2 人重伤、1 人轻伤。

事故原因是罐内留有原油残液，原油中的轻质馏分挥发，与罐内的空气混合，形成了爆炸性混合气体。在焊接过程中爆炸性气体沿排气管泄露遇到焊火，引发了罐内混合气体的爆炸。违章操作是事故发生的根本原因，体现缺乏生产管理和安全技术管理。

三、思政点睛

实验室要重视和规范危险化学品的储存、运输和管理，定期对危险化学品使用台账及存放情况进行检查，加强危险化学品监控监管力度和安全防范意识。要对学生要进行安全知识培训，使其了解实验过程中危险化学品的性质特点、正确处理方法、操作规程和防护急救常识，使用过程必须向指导教师汇报，并做好每次使用情况的记录。同时警示学生无论是在今后的学习生活中，还是在毕业后的工作岗位上，都必须要严格遵守相关法律法规和操作规程，养成良好的职业规范意识和高度的安全防护意识，不断提高安全环保健康与自我防护能力。

坚定理想信念，在平凡的岗位上做出不平凡的成绩

课程 石油工程专业英语

教学知识点 创新探索精神

案例教学目标 通过介绍胜利油田首席技能大师全国劳动模范代旭升的事迹，培养学生勤学苦练、勇于创新的品质，弘扬科学精神、工匠精神，鼓励学生在平凡的岗位上也要做出不平凡的成绩。

案例编写人 曹广胜

一、问题引入

代旭升立志做中国最好的石油工人，多年来一直致力于技术创新，在平凡的岗位做出了不平凡的成绩，他从只有初中学历的采油工成长为全国劳动模范、中国高技能人才楷模。代旭升的事迹集中体现了执着创新的探索精神、以企为家的奉献精神、勤奋苦学的进取精神。

二、案例介绍

代旭升，1972 年生，初中毕业的代旭升离开家乡青岛来到胜利油田当了一名采油工。他所在的采油 16 队在偏远的永安油田，队部是破旧的“干打垒”，四周是一人多高的芦苇，没有一棵树，30 多口油井分布在方圆十几平方公里的地方。住的“干打垒”阴暗潮湿，喝水靠送，一到下雨天，送水车进不来，就只能喝苦涩的地沟水。面对艰苦的工作环境和条件，他从王进喜先进事迹、从大庆石油会战精神、从工友们在艰苦的工作生活条件下战天斗地的火热场面中，不断坚定理想信念，决心成长为一名合格的石油工人，为祖国石油工业做贡献。工作实践使他认识到，多学知识才能多采油。他把学知识、练本领、提技能作为工作生活的主题，边学习书本知识边钻研和实践操作技术。当时，他所在的采油 16 队使用了热油循环清蜡技术，常常因掌握不准每口自喷井的清蜡时机，造成油井循环不起来，让大家十分头疼。为解决这个问题，他就到所管的永 12-7 井上搞试验，常常一站就是五六个小时。慢慢地，他总结出了从低温到高温、定时排蜡等循环技巧，并在全队推广。

只有初中学历的代旭升在工作中逐渐感到自己知识的贫乏，于是代旭升下定决心用三年多的时间，自学了高中课程，以及“采油工程”“采油地质”等多门专业课程，熟练掌握了日常工作所需的理论和操作技能。

遇到一件事，他总要多问几个为什么。物理知识不懂就问物理专业的同事，机械原理不

明白就请教机械专业的同事。在油田组织的“百问不倒”岗位练兵活动中，代旭升以优异成绩夺得“技术能手”称号，逐渐从一名采油学徒工成为远近闻名的业务技术骨干。为尽快找到合适的套管气回收压缩机，代旭升干脆自己搞设计，设计完又到处联系加工制作的厂家，先后两下江苏泰州、四到安徽蚌埠，行程上万里。经过上百次试验，2004 年，“移动式套管气回收装置”终于研制成功。这项成果不仅解决了油田开发与环境保护的矛盾，而且填补了国内技术空白，已在国内部分油田推广使用。仅在胜利油田每年就创造经济效益 1000 多万元，获国家科技进步二等奖。2006 年，代旭升自主创办了胜利油田采油技能大师网，实施网上助学助教活动。网站开办三年多来，点击人次已达 19 万，成为青年工人请教疑难问题的“技术家园”。对于网友在网上提出的问题，代旭升总是认真解答。

“我干的是采油，是工人技师，我的岗位在一线，革新的灵感也来自一线，如果离开了朝夕相伴的油井，劲儿就使不出来了。”代旭升是这样说的，也是这样做的，他把采油一线作为毕生干事创业的舞台。代旭升负责东辛采油二矿 300 口油井、50 口水井、30 多个计量站的技术保障工作。为了不让一口油井因为技术设备故障而影响生产，他提出了“句号行动”，郑重承诺在他负责的技术服务范围内，遇到的所有技术和设备问题，即使再棘手再麻烦，也要努力解决，不把问题上交。自“句号行动”开展以来，他根据存在的问题，先后革新成功了角式单流阀、计量站污油储存罐等成果，解决技术难题和排除设备故障 2000 多个。

代旭升在追求技术进步的道路上不断取得新成绩，1989 年被采油厂聘为工人技师，1993 年被聘为胜利油田采油高级技师，2005 年被聘为油田采油技能大师，2008 年，他从 1.8 万名技术工人中脱颖而出，成为胜利油田首席技能大师。他先后自主完成革新成果 89 项、2 项获国家发明专利、18 项获国家实用新型专利，累计创效 1.4 亿元。

2015 年退休后，代旭升并没有离开自己奋斗 43 年的采油创新岗位，继续担任代旭升工作室负责人。2017 年，返聘回到东辛采油厂，带领创新团队正在进行油水井智能化采油系统、抽油机智能检测系统等方面的研究工作。代旭升说：“作为一名石油工人，我以能为国家的发展、为大国重器出一份力而自豪。”

三、思政点睛

代旭升立志做中国最好的石油工人，多年来一直致力于技术创新，在平凡的岗位做出了不平凡的成绩，解决技术和设备问题 2000 多个，从只有初中学历的采油工成长为全国劳动模范、中国高技能人才楷模。希望同学们能够从代旭升的事迹中体会到只要有恒心、有毅力、有信念，在平凡的岗位上也能做出不平凡的成绩。

坚定文化自信

——中国古代对石油的开发与利用

课程 石油工程专业英语

教学知识点 The Initial Realization of Oil（对石油的最初认识）

案例教学目标 通过介绍中国古代对石油的开发与利用，让学生了解到我国是世界上发现石油、开发石油和利用石油最早的国家之一，树立文化自信，弘扬爱国主义精神，发愤图强。

案例编写人 曹广胜

一、问题引入

我国是世界上最早发现、开采与利用石油的国家之一。我国已有两千多年利用石油的历史，在古代我国石油主要用于照明、润滑剂、医药、军事、制墨等，通过介绍我国早期人们对石油的应用，树立文化自信，同时引导学生对我国石油工业发展坚定信心。

二、案例介绍

最早发现石油的记录源于西周（公元前11世纪至公元前771年）的《易经》："泽中有火""上火下泽"。泽，湖泊池沼也。"泽中有火"，意指油气在湖泊池沼水面上起火的现象，距今已有三千多年的历史。一般认为我国人民利用石油的历史最早可追溯至西汉和西晋。据东汉文学家、历史学家班固（公元32—92年）所著的《前汉书·卷三十八下·地理志第八下》中："定阳，高奴，有洧水，肥可蘸"。高奴县指现在的陕西延安一带，洧水是延河的一条支流。距今也有两千多年的历史了。古代的石油产地也颇多，明李时珍在所著的《本草纲目》中有："石油所出不一，出陕之肃州、鄜州、延长、云南之缅甸、广之南雄者，自石岩流出，与泉水相杂……"。"石油"一词是宋朝科学家沈括在其论著《梦溪笔谈》中最先正式提出来的，据《梦溪笔谈·卷二十四·杂志一》记载："鄜、延境内有石油，旧说'高奴县出脂水'，即此也"。此前，石油的名称包括石脂水、水肥、石漆等。

1. 我国古代石油的勘探与开采

由于古代所利用的石油均是溢出的一些原油，在内燃机没有出现以前的中国古代不存在真正意义上的石油勘探。我国古代最具石油地质萌芽的当属清朝李榕所著的《自流井记》："凡凿井须审地中之岩……凡井，诸岩不备见，唯黄姜，绿豆必有之"。"黄姜"即今所称的"东岳庙组石灰岩"，是四川盆地白垩系标准地层。因此古代开采石油的方法也很简单，基本上局限于“刮油”的水平。据《元和郡县志·卷四十·肃州玉门县》记载：“石脂水在县东南一百八十里……人以草取之”，又见沈括《梦溪笔谈》：“士人以雉尾甃之，乃入缶中”，即以草或鸡尾毛在水面上刮油。

2. 我国古代对石油的利用

1）*石油在照明上的运用*

这是石油最初的也是运用较广的方面。几乎所有有关石油的史料记载中都有提到这一点。实际上自汉朝以来一直到清朝，在最初发现石油的产地之一的甘肃酒泉，当地人民就一直用石油点灯照明。唐朝（618—907年）段成武所著的《酉阳杂俎·卷十·物异类》中提道：“石漆，高奴县石脂水，水腻浮上，如漆，采以膏车及燃灯，极明”。关于石油“燃之极明”可见于多方记载。如《明一统志》记载：“南山出石油，燃之极明”；范晔《后汉书·郡国志》所记载：“县南有山，石出泉水……燃之极明……”。在宋代，石油甚至可被加工成固态物质，名为石烛，其点燃时间较长，一支石烛可顶蜡烛三支。这应是石油在照明方面运用的一大进步。宋朝陆游在其《老学庵笔记》中，就有用“石烛”照明的记叙。由此可见石油用于照明在古代运用是比较广泛的。但可能因其“燃之如麻，但烟甚浓，所沾幄幕皆黑……”（见《梦溪笔谈》），故其照明的对象大概只能限于“士人”了。从古代制造烛火的主要材料上看，似乎也可证明这一点。

2）*石油在军事上的运用*

由于石油“得水则愈炽也”（见《太平寰宇记》），事实上早在一千四百年以前，中国古代人民就已看到石油在军事方面的重要性，并开始把石油用于战争。有记载的石油在军事上最成功的一次运用为唐李吉甫所著《元和郡县志》中所载的一段史实：“周武帝宣政中（578年），突厥围酒泉。取此脂（注：石脂，即是石油）燃火，焚其攻具；得水愈明，酒泉赖以获济”。《吴越备史》中记载五代后梁贞明五年（919年），在后梁与后唐作战中出现了以铁筒喷发火油的喷火器，用以烧毁敌船。因此，北宋曾公亮在庆历四年（1044年）写《武经总要》时已把它列为不可或缺的军用物资。宋朝康与之在《昨蒙录》云：“为日烘石热所出之液，西北边防城库皆掘地做大池，纵横丈余，以蓄猛火油，用以御敌”。“猛火油”即石油。石油在军事上的运用可见一斑。石油在军事上另一项重要运用是作为轮轴的润滑剂，唐朝段成武所著《酉阳杂俎》云：“高奴县石脂水……采以膏车……”，“膏车”即把石油涂于车轮轴上作润滑用。又据《资治通鉴》卷七四魏邵陵厉公正始二年略云：“春，吴人将伐魏。零陵太守殷札言于吴主曰：‘……便当秣马脂车，陵蹈城邑，乘胜逐北，以定华夏’”。“秣马脂车”即喂饱马匹，“脂车”即用石油润滑车轮。石油作为润滑剂倒也并非都用于军事，也有用于民间生产中的。西晋张华所著《博物志》云：“……（石油）与膏无异，膏车及水碓缸甚佳……”。可见石油用于“膏水碓缸”效果特别好，已经用于民用了！

3）*石油在医药上的运用*

石油在传统中医药上的运用最迟可追溯至元代。元《一统志·卷四·陕西》有记：“在延长县南迎河有凿开石油一井，其油可燃，兼治大畜疥癣……”。可见石油已用于治疗牲畜皮肤病了。对石油在传统中医药上的运用有比较系统的总结的古籍是明朝李时珍所著的《本草纲目》：“石油气味与雄硫同，故杀虫治疮，其性走窜，诸器皆渗。惟瓷器、玻璃不漏，故钱乙治小儿惊热、膈实、呕吐、痰涎，银液丸中用，和水银、轻粉、龙脑、蝎尾、白附于诸药为丸。不但取其化痰亦取其能通透经络，走关窍也”。又言“主治小儿惊风，可与他药混合作丸散，涂疮癣虫癞，治铁箭人肉”。尚且不论原油是否真能取其化痰透经络而治病，至少可以说明中国古代人民已经开始对石油更深一层的性能展开研究了，而不再局限于原先只对一些诸如色、味、形态等物理性质的描述。

4）*石油在制墨上的运用*

石油用于制墨始见于沈括所编著的《梦溪笔谈》，据载：“鄜、延境内有石油，旧说‘高奴县出脂水’，即此也。生于水际沙石，与泉水相杂，惘惘而出，士人以雉尾甃之，用采入缶中。颇似淳漆，然之如麻，但烟甚浓，所沾幄幕皆黑。余疑其烟可用，试扫其煤以为墨，黑光如漆，松墨不及也，遂大为之，其识文为‘延川石液’者是也。此物后必大行于世，自余始为之”。这里沈括论述了采用石油烟制墨的优势，“黑光如漆，松墨不及也”即是况且采用松木制墨有“松木有时而竭”“今齐、鲁间松林尽矣……”等缺点。由此他得出结论：“此物后必大行于世”。认为用石油烟制成的墨，其谓“延川石液”日后一定会流行起来。

此外石油在古代也用于防腐防渗，见于《元和郡县志》：“石脂水在县东南一百八十里，……人以草取，用涂鸱夷酒囊……”。但似乎效果并不好，一是可能因为石油易燃，其次是其“色异气臭”（清赵学敏《本草纲目补遗》），所以此后关乎石油此功用的记载便极少见了。

三、思政点睛

石油在我国古代的运用已长达2000多年，从最初用于照明，然后扩展到“膏车及膏水碓缸”及军事上的运用，接着用于制墨，再到医药上的运用，也从利用石油的简单性质开始，层层进化到更深层次性质的开发与利用，这期间包涵了我国劳动人民智慧的结晶。我们要坚持文化自信，弘扬爱国主义精神，发愤图强，壮我民族之魂！

重视安全隐患，提高风险防控意识

——以渤海 2 号钻井船沉船事故为例

课程 石油工程 HSE 风险管理

教学知识点 风险防控理论

案例教学目标 通过介绍渤海 2 号钻井船沉船事故的原因，警示学生重视安全隐患，提高科学防控风险的意识。

案例编写人 胡超洋

一、问题引入

安全生产是保护劳动者的安全、健康和国家财产，促进社会生产力发展的基本保证，也是保证社会主义经济发展，进一步实行改革开放的基本条件。安全隐患出现后不重视，不排除，安全事故就无法避免。风险防控理论可明确事故产生的原因和机理，在此基础上按事故预防和风险控制的原则，有针对性地采取事故预防和风险控制对策，从而使事故尽可能不发生，事故发生后损失尽可能地减小。在油气开发的初期阶段，由于风险防控的意识不强，发生了多起重大安全事故，渤海 2 号钻井船沉船事故就是其中的典型案例。

二、案例介绍

渤海 2 号钻井船是 1973 年从日本进口的一艘自升式钻井平台，原名富士号，后更名为渤海 2 号。1979 年 11 月 25 日凌晨 3 时 30 分左右，渤海 2 号钻井船在渤海湾迁移井位拖航作业途中翻沉，遇难 72 人，直接经济损失达 3700 多万元，这是新中国成立以来石油系统最重大的死亡事故。

1979 年 11 月 25 日，渤海 2 号钻井平台在完成钻井作业以后由原井位迁至航距 117 海里的新井位。1979 年 11 月 22 日上午，石油工业部海洋石油勘探局总调度室负责人主持召开了拖航会议。会前，渤海 2 号曾自海上发来电报，告知平台上的 3 号潜水泵落水，要求派潜水员打捞。

11 月 24 日 7 时 30 分，海洋石油勘探局副总调度长李某向值班员了解各气象台气象预报的情况，被告知天津、河北、山东三台均发布大风警报，随即向局领导干部碰头会上做了汇报。当日早晨 8 时 03 分，282 拖轮靠近渤海 2 号准备带缆，但因海浪大而失败；8 时 59 分，第二次带缆成功，随即降船。

1979 年 11 月 25 日，渤海 2 号在降船时候，渤海海面上刮起了 7 至 8 级大风。在现场的拖航领导小组还是决定让8000马力的滨海282拖轮带上缆，继续实施拖航作业。不料，风越刮越猛，晚间阵风达到11至12级，由于干弦低，甲板没在水里。渤海2号在风浪中颠簸摇晃厉害，钻井队长刘学在甲板上指挥抢险，人们都忙着加固甲板上的物件，并严防海水进入舱室内。但人之力无法抵御海之力，几个巨浪扑上甲板，猛地将两只通风筒盖掀开，海水咆哮着从通风筒口涌入舱内，在甲板上形成巨大的漩涡。25日晨2时10分，通风筒被打坏，海水涌进泵舱。霎时间，底舱被灌进了大量海水，应急发电机也被淹没，整个平台漆黑一团。拖航指挥者显然意识到了眼前的危险，见甲板迎着风浪，舱内进水太猛，立即做出滨海282拖轮调转航向的决定，企图让钻井平台高大的生活楼替甲板挡浪。3时10分至20分，渤海2号用明码报局电台“我船开始下沉”，几分钟后，又用内部频率发出“SOS”（呼救信号）3次，同时告282拖轮救人，3时35分后，282拖轮已看不到渤海2号灯光，渤海2号已翻没海中。

1. 事故原因

造成这次特大沉船事故的主要原因是：拖航时没有打捞怀疑落在沉垫舱上的潜水泵，以致沉垫与平台之间有1米的间隙，两部分无法贴紧，丧失了排除沉垫压载舱里压载水的条件。这就导致渤海2号载荷重、吃水深、干舷低、稳定性差，破坏了渤海2号拖航作业的完整稳定性，严重削弱了该船抗御风浪的生存能力，违反了该船制造厂制定的《自升式钻井船使用说明书》的规定，也违反了该局制定的《渤海2号钻井船使用暂行规定》中关于拖船航行应排除压载水的规定，不符合拖航状态的规则和要求。故此造成了特大钻井平台船舶沉船事故的发生。

2. 经验教训

渤海2号翻沉事故的发生绝非偶然，而是海洋石油勘察局长期以来忽视安全生产工作，在海上石油钻井生产中不尊重客观规律，领导官僚主义，钻井作业违章操作造成的严重恶果。仅1975年至1979年间的不完全统计，该局发生各类事故1043起（其中重大事故30多起），造成105人死亡，114人重伤，经济损失数十亿元，事故发生后，多数事故没有发动群众认真总结经验教训，没有解决事故隐患，没有开展全国大检查，没有举一反三，采取有效的防范措施。1977年底，渤海2号钻井平台发生桩脚折断事故，所幸没有造成船翻人亡事故。事后领导未能引起警惕，没有充分发动群众分析事故原因，实事求是地吸取教训，而是热衷于给有关人员披红戴花，大搞表彰活动，结果非但没有根据前车之鉴改进工作，反而助长了不尊重科学之风。

三、思政点睛

安全隐患是事故发生的必要条件，安全隐患出现后不重视、不排除，则安全事故就无法避免。风险防控理论正是通过技术和管理的手段使事故尽可能不发生，并使事故发生后使损失尽可能地减小。渤海2号沉船事故前，已经出现一次安全事故，可是并没有引起足够的重视，还将事故原因归咎于客观因素，未能采用风险防控理论降低发生事故的可能性、减小事故发生的后果，从而导致了更为严重的安全事故。我们大家要掌握风险防控理论的理念，重视安全隐患，树立风险防控的意识，才能将安全事故扼杀在萌芽中。

提高风险识别能力，培养安全意识

——以青岛“11·22”输油管道爆炸事件为例

课程 石油工程 HSE 风险管理

教学知识点 石油工程 HSE 风险识别

案例教学目标 通过介绍青岛“11·22”输油管道爆炸事故的原因及带来的危害，提高学生风险识别和风险预判意识和能力，强化学生安全意识。

案例编写人 孙士慧

一、问题引入

风险识别是在风险事故发生之前，运用科学的技术手段和方法，系统地找出尚未发生的潜在及存在的健康、安全与环境危害因素，对其可能产生的风险进行分析。识别风险的目的在于有针对性地制定防范风险的对策措施，从而控制、削减风险，防患于未然。风险识别是风险管理的基础和前提，若不能准确识别所面临的风险，就失去了处理这些风险的最佳时机，被动地使风险自留，导致人员伤亡、财产损失、环境污染；只有充分识别风险，才能有效地控制风险。2013 年 11 月 22 日凌晨 3 时，位于山东省青岛经济技术开发区秦皇岛路与斋堂岛街交汇处的中国石油化工集团公司管道储运分公司东黄输油管线破裂导致原油泄漏，在清理油污过程中，由于风险识别不足泄漏原油进入市政排水暗渠，在密闭空间的暗渠内积聚遇火花发生爆炸，爆炸造成了人员伤亡、财产损失惨重、基础设施损坏严重以及海洋环境的污染。

爆炸污染的胶州湾海面

入海口处原油

二、案例介绍

东黄输油管道于 1985 年建设，1986 年 7 月投入运行，起自山东省东营市东营首站，止于开发区黄岛油库。设计输油能力 2000 万吨/年，设计压力 6.27 兆帕。管道全长 248.5 公里，管径 711 毫米，材料为 API5LX-60 直缝焊接钢管。管道外壁采用石油沥青布防腐，外加电流阴极保护。1998 年 10 月改由黄岛油库至东营首站反向输送，输油能力 1000 万吨/年。事故发生时，东黄输油管道输送埃斯坡、罕戈 1∶1 混合原油，密度 0.86 吨/米^3，饱和蒸气压 13.1 千帕，蒸气爆炸极限 1.76%~8.55%，闭杯闪点-16℃。油品属轻质原油。原油出站温度 27.8℃，满负荷运行出站压力 4.67 兆帕。

2013 年 11 月 22 日 2 时 12 分，潍坊输油处调度中心通过数据采集与监视控制系统发现东黄输油管道黄岛油库出站压力从 4.56 兆帕降至 4.52 兆帕，两次电话确认黄岛油库无操作因素后，判断管道泄漏；2 时 25 分，东黄输油管道紧急停泵停输。3 时 40 分左右，青岛站人员到达泄漏事故现场，确认管道泄漏位置距黄岛油库出站口约 1.5 公里，位于秦皇岛路与斋堂岛街交叉口处。7 时左右，潍坊输油处组织泄漏现场抢修，为处理泄漏的管道，现场决定打开暗渠盖板，使用挖掘机，采用液压破碎锤进行打孔破碎作业。10 点 30 分，在黄岛区海河路和斋堂岛路交会处，正在抢修的输油管线和相距约 700 米的雨水涵道相继发生爆燃，管线爆裂长度达 3.5 公里，同时在入海口被油污染海面上发生爆燃。

1. 事故原因

1） 直接原因

输油管道与排水暗渠交汇处管道腐蚀减薄、管道破裂、原油泄漏，流入排水暗渠，反冲到路面。原油泄漏后，现场处置人员采用液压破碎锤在暗渠盖板上打孔破碎，产生撞击火花，引发暗渠内油气爆炸。

2） 间接原因

中国石油化工集团公司及下属企业安全生产主体责任不落实，隐患排查治理不彻底，现场应急处置措施不当。

3） 管理原因

（1） 青岛市人民政府及开发区管委会贯彻落实国家安全生产法律法规不力；

（2） 管道保护工作主管部门履行职责不力，安全隐患排查治理不深入；

（3） 开发区规划、市政部门履行职责不到位，事故发生地段规划建设混乱；

（4） 青岛市及开发区管委会相关部门对事故风险研判失误，导致应急响应不力。

2. 溢油事故性质

经调查认定，山东省青岛市“11·22”中石化东黄输油管道泄漏爆炸特别重大事故是一起生产安全责任事故。对 48 名责任人分别给予纪律处分，对涉嫌犯罪的 15 名责任人移送司法机关依法追究法律责任。

三、思政点睛

青岛“11·22”中石化东黄输油管道爆炸事故

青岛“11·22”输油管道爆炸事故造成多人伤亡、财产损失惨重，究其原因是：风险识别不足、对风险的估计不足、风险控制过程中贸然施工作业、抢修作业现场不规范、盲目指挥、严重的违规作业、缺乏处理事故的准备，造成泄漏后的应急处置不当，未按规定采取设置警戒区、封闭道路、通知疏散人员等预防性措施，同时事故发生后手足无措、处置不当等。

为保证安全生产，同学们必须牢固树立安全第一的责任意识，培养风险识别和风险预判的能力，从而提高应急处理水平和应急响应能力。